AF474753

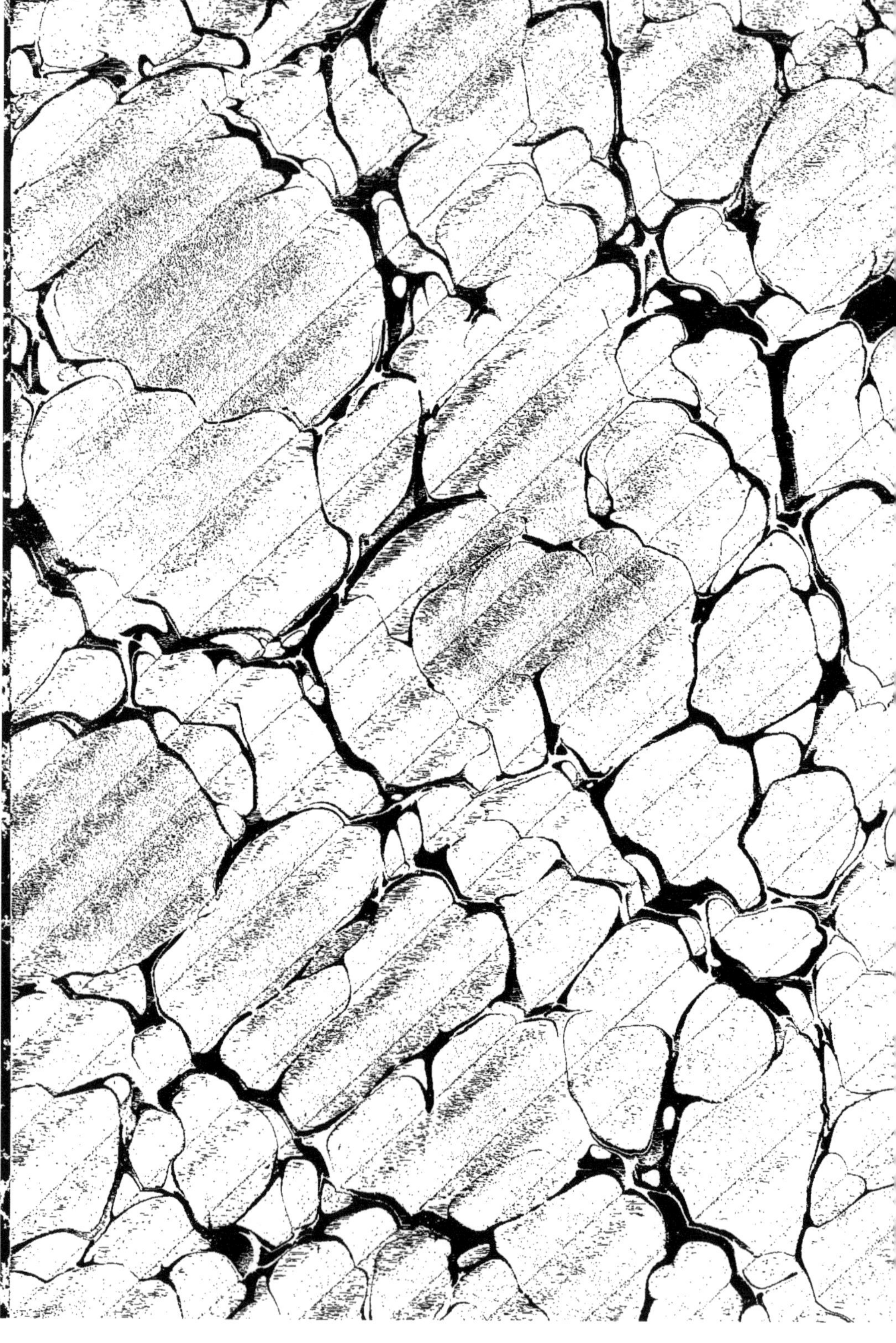

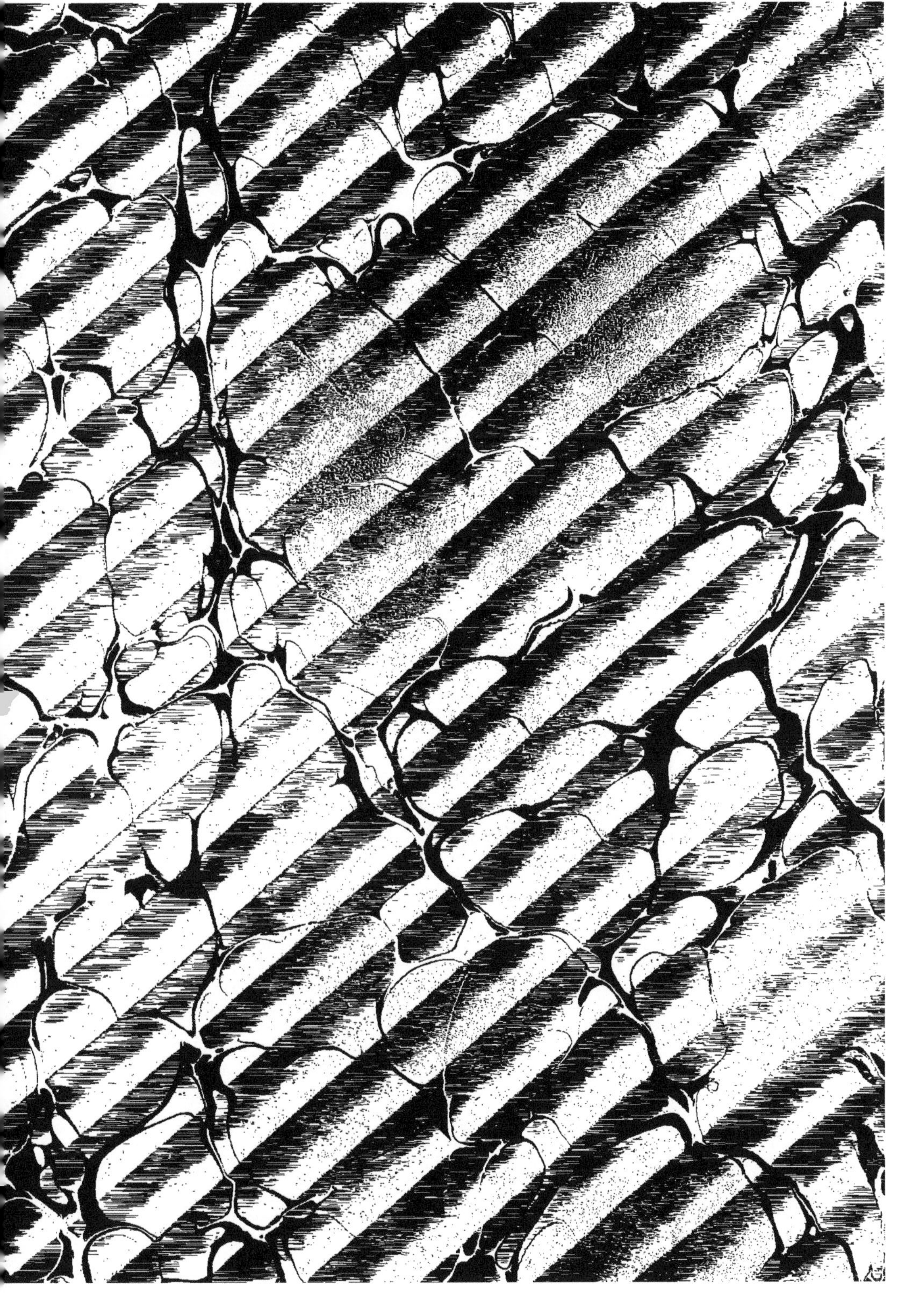

LA
RÉFORME JUDICIAIRE
EN ÉGYPTE
ET
LES CAPITULATIONS

ALEXANDRIE
IMPRIMERIE FRANÇAISE, A. MOURÈS.

1874

LA RÉFORME JUDICIAIRE

EN ÉGYPTE

ET LES CAPITULATIONS

LA

RÉFORME JUDICIAIRE

EN ÉGYPTE

ET

LES CAPITULATIONS

ALEXANDRIE

IMPRIMERIE FRANÇAISE, A. MOURÈS.

—

1874

LA RÉFORME JUDICIAIRE

ET

LES CAPITULATIONS.

Les relations judiciaires entre les étrangers établis dans les échelles du Levant et les indigènes sont soumises à un régime spécial dont la base se trouve dans les Capitulations.

Dans la Turquie proprement dite, les Capitulations sont appliquées d'une manière à peu près normale.

Mais en Egypte, la pratique des différents Consulats a successivement introduit des modifications considérables qui ont complétement dénaturé la portée des traités.

Le Gouvernement Egyptien s'est ému de cet état de choses. Il a demandé aux puissances, non pas, comme on le croit généralement, l'abrogation des Capitulations, mais bien au contraire le retour à l'application de ces traités.

Il semble qu'en cet état, il devait lui suffire de présenter sa demande pour que le bon droit en fùt reconnu, d'autant qu'il offrait d'entourer l'administration de la justice, rendue conformément aux Capitulations, de toutes les garanties nouvelles qu'on pourrait exiger de lui, et d'accorder aux Européens des avantages considérables bien plus de nature, suivant lui, à sauvegarder les intérêts des justiciables, que ne pouvaient le faire les dérogations introduites par les pratiques consulaires dans l'application des traités.

Il n'en a rien été cependant; les négociations introduites depuis 1867 n'ont pas encore complétement abouti, et, pour faire accepter son projet, le Gouvernement Egyptien a dû limiter ses prétentions, accepter en fait, sur bien des points, l'état de choses contraire aux traités que les empiétements consulaires ont établi, et consentir à un essai temporaire du système de juridiction qu'il a proposé et soumis à la révision des puissances.

Nous voulons ici faire connaître : 1° les droits et prérogatives accordés aux étrangers par les Capitulations dont on parle beaucoup, et que bien peu de personnes se sont donné la peine de lire ; — 2° l'état actuel et les conséquences du système judiciaire introduit en Egypte par les consulats ; — 3° les négociations auxquelles a donné lieu la demande du Gouvernement Egyptien ; — et 4° le projet de réorganisation judiciaire soumis à l'adhésion des Puissances et auquel toutes, à très peu d'exception près, ont adhéré.

I.

LES CAPITULATIONS ; — LEUR PORTÉE.

Lorsque les Turcs prirent possession des différentes provinces qu'ils occupent aujourd'hui, et notamment de Constantinople, ils trouvèrent une population chrétienne et juive toute installée, et qui fut tout naturellement soumise aux lois du vainqueur.

Ces populations, à part ceux qui se convertirent à la religion des conquérants, n'eurent pas toutes les prérogatives politiques des Musulmans, mais leurs croyances furent respectées, et la liberté de leurs cultes assurée.

Or, dans les idées musulmanes, le droit, la justice font partie de la science et de la pratique religieuses.

Accorder aux sujets non musulmans l'exercice de leurs cultes c'était donc, aux yeux des Turcs, leur accorder l'administration de la justice entr'eux, et l'application entr'eux de leurs lois particulières, pourvu, bien entendu, qu'un musulman n'y fût point intéressé.

Cette tolérance, inconnue au droit commun européen, comprenait même l'application de la loi pénale; car, d'après la loi de l'Islam, la peine n'est qu'une satisfaction donnée à la victime qui peut toujours consentir sa compensation en argent.

Tel était l'état relativement privilégié des sujets non musulmans de la Sublime-Porte. En fait, c'était aussi la situation des Génois et des Vénitiens restés à Péra après la conquête; mais aucun traité ne réglait la situation de ces derniers, ni d'aucun des étrangers tolérés plutôt qu'admis sur le territoire Ottoman. Longtemps et sans succès les Français demandèrent à être autorisés à s'établir et à faire le commerce en Orient dans les mêmes conditions que les sujets chrétiens et juifs.

L'alliance conclue entre Soliman-le-Grand et François Ier contre la Maison d'Autriche, donna l'occasion de présenter et de faire accueillir cette demande au profit des sujets français.

De là l'origine de la première Capitulation qui est de 1535, et qui profita à tous les Européens faisant le commerce sous pavillon français, ce qui explique la dénomination de *Francs* qui leur fut attribuée à tous.

Un point sur lequel il est bon d'insister, c'est que, comme toutes les Capitulations qui suivirent, la

Capitulation de 1535 ne fut pas à proprement parler un traité, mais une autorisation de faire le commerce en Orient, accordée aux sujets d'un souverain étranger, et valable seulement pendant la vie du Sultan qui l'accordait.

Le commerce, c'est là l'objet, le but principal, et toutes les clauses de l'acte s'y rapportent.

Ce n'est qu'accessoirement, et comme une conséquence naturelle, que le règlement des relations judiciaires s'y trouve compris.

A ce point de vue les Capitulations de 1535 font aux Français une situation identique à celle des sujets non musulmans, sauf cette circonstance, que la juridiction accordée aux patriarches et conseils des communautés non musulmanes sur leurs coréligionnaires était attribuée aux Baïles ou Consuls sur les Français.

La condition essentielle de cette compétence exceptionnelle, était qu'aucun sujet ottoman ne fût intéressé dans le procès.

Ce sont les termes très précis de l'article 3.

Les Baïles et Consuls ont, à l'exclusion des juges locaux, cadis ou sous-bachis, le pouvoir d'ouïr, juger ou déterminer,

« Selon leur *foi* et leur *loi,* tant en *civil* qu'en *criminel* « toutes les causes, procès ou différends qui naîtront entre « marchands et autres sujets du Roi SEULEMENT. »

Les cadis et autres officiers du Grand Seigneur ne peuvent juger aucun différend des dits marchands et sujets du Roi,

« Encore que les dits marchands le requissent; et si « d'adventure les dits cadis jugeassent, que leur sentence « soit de nul effet. »

D'après l'article 4, les procès entre Français et Turcs sont portés devant les juges locaux, mais,

« Les cadis et sous bachis et autres ne pourront ouïr ni « juger les dits sujets du Roi sans la présence de leurs « drogmans. »

Enfin l'article 5 dispose que les sujets du Roi appelés par des Turcs pour causes criminelles seront

« Mandés sur l'heure à l'Excelse Porte, et, en l'absence « d'icelle Porte, au principal lieutenant du Grand Sei- « gneur. »

Dans ce cas, ce ne sont pas les juges locaux ordinaires qui sont compétents, mais le Divan de la Sublime-Porte.

Les Capitulations furent renouvelées en 1569, en 1581, en 1604, en 1673, d'après les mêmes principes. On voit cependant que ce n'est plus à la Sublime-Porte qu'est attribuée la connaissance des crimes imputés à un Français par un Turc. Tous les procès civils ou criminels entre Français et sujets locaux sont déférés aux juges indigènes qui ne peuvent statuer qu'en présence du drogman, et

« Si, par cas, le dit drogman propre des Français « est en service d'importance, que le cadi attende jusqu'à ce « qu'il soit venu. Toutefois que ceux-ci ne fassent aussi « cavillation, disant que le drogman n'est prêt, et ne tem- « porisent, mais aient à préparer leur drogman. »

(Art. 11 des Capitulations de 1566, — Art. 16 des Capitulations de 1581.)

« Lequel drogman le Français sera obligé de trouver et « faire comparoir afin que l'effet et prompte expédition de « la justice ne soient différés.

(Art. 34 des Capit. de 1604. — Art. 36 des Capit. de 1673.)

Vinrent enfin les Capitulations de 1740, qui sont le seul texte ayant aujourd'hui force de loi.

Il convient de reproduire ce texte sur les questions de compétence, afin de bien montrer que rien d'essentiel n'a été changé dans les règles posées par les Capitulations précédentes.

« Art. 15. — S'il arrive quelque meurtre ou quelqu'autre « désordre entre les Français, les Ambassadeurs et leurs « Consuls en décideront selon leurs us et coutumes sans « qu'aucun de nos officiers puissent les inquiéter à cet « égard. »

« Art. 23. — Les marchands, drogmans et les Consuls « Français dans leurs achats, ventes, commerce, cautionne- « ments et autres affaires de justice, se rendront chez le « Cadi, où ils feront passer un acte de leur accord, et le « feront enregistrer, afin que si, dans la suite, il survenait « quelque différend, on ait recours à l'acte et aux registres « et qu'on juge en conformité. »

« Art. 26. — Si quelqu'un avait un différend avec un « marchand Français et qu'il le fît comparaître devant le « Cadi, ce juge n'écoutera pas leur procès, si le drogman « français ne se trouve présent, et si ce drogman est occupé « pour lors à quelque affaire pressante, on différera jusqu'à « ce qu'il vienne ; mais aussi les Français s'empresseront « de le représenter, sans abuser du prétexte de l'absence « de leur drogman. »

« Et s'il arrive quelque contestation entre les Français, « les Ambassadeurs et les Consuls en prendront seuls con- « naissance, et en décideront suivant leurs us et coutumes « sans que personne puisse s'y opposer. »

« Art. 41. — Les procès excédant 4,000 aspres seront « écoutés à mon Divan Impérial et non ailleurs.

« Art. 52. — S'il arrive que les Consuls et les Négociants « Français aient quelques contestations avec les Consuls et « les Négociants d'une autre nation chrétienne, il leur sera « permis, du consentement et à la réquisition des parties, « de se pourvoir par devant leurs ambassadeurs qui résident « à ma Sublime-Porte ; et tant que le demandeur et le dé-

« fendeur ne consentiront pas à porter ces sortes de procès
« par devant les Pachas, Cadis, officiers ou douaniers, ceux-
« ci ne pourront les y forcer, ni prétendre en prendre con-
« naissance.

« ART. 65. — Si un Français ou un protégé de France
« commettait quelque meurtre ou quelqu'autre crime et
« qu'on voulût que la justice en prît connaissance, les juges
« de mon Empire et les officiers ne pourront y procéder
« qu'en présence de l'Ambassadeur et des Consuls ou de
« leurs substituts dans les endroits où ils se trouveront.

« ART. 70. — Les gens de justice et les officiers de ma
« Sublime-Porte, de même que les gens d'épée, ne pourront
« sans nécessité entrer par force dans la maison habitée par
« un Français ; et lorsque le cas requerra d'y entrer, on en
« avertira l'Ambassadeur et le Consul dans les endroits où
« il y en aura, et l'on se transportera dans les endroits en
« question, avec les personnes qui auront été commises de
« leur part ; et si quelqu'un contrevient à cette disposition,
« il sera châtié. »

Tels sont les textes aujourd'hui en vigueur.

Le système des Capitulations se résume donc dans les règles suivantes, qui ne sont pas, à proprement parler, comme on le croit, des privilèges, mais une application aux étrangers du droit local spécial aux sujets non musulmans :

Pour les procès entre Indigènes et Français, demandeurs ou défendeurs, en matière civile ou criminelle, *les Tribunaux locaux sont seuls compétents ;* mais les Français ne peuvent être jugés en l'absence de leur interprète qu'ils sont obligés de faire présenter.

Dans les procès même criminels où les Français sont *seuls* intéressés, la compétence est exclusivement réservée aux Tribunaux Consulaires.

Quand il s'agit de litiges entre étrangers de nationalités différentes, le Tribunal Local est compétent, mais non obligatoire.

Les Capitulations de 1740 ne disent pas quel sera le Tribunal compétent en cas de désaccord dans ce dernier cas.

Enfin l'autorité locale ne peut exécuter un jugement au *domicile* d'un Français hors la présence des délégués du consulat.

Ce sont les Capitulations de 1740 qui parlent pour la première fois de procès nés entre Européens de nationalités différentes, par la raison que, lors des précédentes Capitulations, tous les Européens étaient considérés comme protégés Français.

Pour ne rien omettre, il faut observer que les étrangers n'avaient pas le droit de posséder d'immeubles. La propriété en Orient était de droit religieux ; la loi Française leur défendait même d'en posséder.

Il suit de là que les dispositions des Capitulations qui donnent aux Consuls juridiction sur leurs administrés dans tous les procès nés entre eux, ne font point exception au principe de droit international que les questions immobilières sont jugées par les Tribunaux locaux, d'après les lois locales, puisque les procès nés entre Français ne pouvaient avoir trait à des immeubles.

Il faut cependant dire que le corps de la Nation était propriétaire d'un immeuble, c'est-à-dire de celui où étaient établis tous les Francs et leur Consul. — Mais évidemment cette propriété collective ne pouvait donner lieu à procès qu'avec des tiers indigènes, et, par conséquent, étaient déférés aux Tribunaux religieux (Mehkémé).

Pour bien comprendre la portée des Capitulations, il faut savoir que les Francs, fort peu nombreux, du reste (1), habitaient ce seul immeuble appelé *fondique* dans la cour intérieure duquel se trouvaient leurs magasins au rez-de-chaussée, et leurs logements au premier étage.

Chaque soir, au coucher du soleil, la police

(1) En 1821 il n'y avait, outre le Consul, qu'une seule maison de Commerce française en Egypte.

venait fermer la *Fondique,* et ne l'ouvrait que le lendemain, au soleil levant. Les portes restaient même fermées toute la journée du vendredi, jour du repos religieux chez les musulmans.

Ces prescriptions qui étaient communes aux quartiers habités par les sujets chrétiens et juifs, existaient encore au commencement de ce siècle. Bonaparte habitait à Alexandrie la *Fondique* des Français qui existe encore, sans avoir la même destination, sous le nom d'*Okelle française*.

Ce fut Méhémet-Ali qui, le premier, autorisa les Européens à sortir de leurs *Fondiques*.

Les dispositions des édits et règlements émanés du gouvernement de France, consacrent très-bien dans leurs termes la signification que nous venons de donner aux Capitulations :

Afin d'éviter que des Français donnassent lieu à des désordres qui auraient pu servir de prétexte aux exactions exercées contre toute la nation pour la faute d'un seul (ces exactions s'appelaient *ouani*, d'où le mot français *avanie*), on exigeait que le négociant qui voulait s'établir dans les échelles du Levant dépendît d'une maison mère à Marseille, qui le cautionnât lui et ses employés, que les artisans justifiassent qu'ils étaient demandés par une maison autorisée et qu'ils avaient une moralité irréprochable.

Le voyageur Tavernier ne put venir en Orient qu'à la condition d'être cautionné par une maison de commerce à Marseille.

L'édit de 1778, encore seul en vigueur aujourd'hui, en matière civile, limite très-expressément la compétence des tribunaux consulaires dans les termes que nous venons d'indiquer ;

« Art. 1. — Nos Consuls connaîtront en première instance « des contestations de quelque nature qu'elles soient qui « s'élèveraient *entre nos sujets* négociants navigateurs et « autres dans l'étendue de leurs Consulats ; nos dits Consuls « pourvoieront, chacun dans son district, à une bonne et « exacte police *entre nos dits sujets* de quelque qualité et « condition qu'ils puissent être.

Ce fut en avril 1835 seulement, qu'une ordonnance exempta de toute autorisation et de tout cautionnement les établissements français dans le Levant.

Méhémet-Aly répondit à cette ordonnance par un décret du 5 novembre de la même année, ainsi conçu :

« Art. 1. — A dater du 15 Janvier 1836, tout individu « qui viendra en Égypte avec l'intention de s'y établir

« sera obligé, à sa première arrivée, de justifier de ses « moyens d'existence et de présenter au Gouvernement « local un garant choisi parmi les principaux habitants du « pays, qui sera responsable de la moralité de sa conduite. »

Il est permis de croire que ce fut ce décret, dont la légalité ne fut pas contestée, mais qui ne fut pas longtemps en vigueur, qui décida le Gouvernement français à présenter d'urgence aux Chambres, à la fin de janvier 1836, la loi du 28 mai 1836, destinée à régler devant les tribunaux consulaires, l'instruction et le jugement des affaires criminelles et correctionnelles.

Cette loi est uniquement une loi de procédure, et non pas, au moins au point de vue où nous sommes placés, une loi de compétence (1).

Notons en passant qu'au point de vue de la

(1) Dans les négociations entre le Gouvernement français et le Gouvernement Egyptien, on a dit et répété que la compétence des Consulats en matière de répression étant réglée par la loi de 1836, il fallait une loi pour sanctionner la Réforme de l'organisation judiciaire en Egypte. Il y a là une confusion évidente : — La loi de 1836 n'est pas et ne pouvait pas être une loi de compétence *internationale*. Elle a déterminé quels tribunaux français devaient statuer, et dans quelles formes, lorsque la Juridiction française était compétente. — Il faudrait une nouvelle loi si cette répartition des infractions entre les différents tribunaux français ou leurs formes de procédure devaient être modifiées. — Mais quant à déterminer dans quels

procédure, ou, si l'on veut, de la compétence *intérieure*, la loi décide que les délits seront jugés par le Consul assisté de deux assesseurs négociants, avec appel à Aix, et que la Cour d'Aix statue sur les crimes, sans jurés, sans témoins, et seulement sur pièces.

Quant à la compétence *internationale*, la loi n'avait pas à en parler ; il n'en est question que dans l'exposé des motifs et dans les rapports aux Chambres; et là, nous trouvons la reconnaissance formelle des règles de compétence que nous avons lues plus haut dans le texte des Capitulations :

Exposé des motifs par le Ministre de la Justice. — « La plus précieuse des prérogatives dont jouissent les « Français établis dans le Levant et en Barbarie, celle de « n'être pas justiciables des Tribunaux turcs et d'être ren-

---

cas sur un territoire étranger la juridiction française peut fonctionner, il est clair que c'est le fait d'un traité.

Au surplus, comme on le verra, il ne s'agit pas de modifier les traités au point de vue de la compétence ; un nouvel usage a prévalu, en fait, sur les traités , et sans le consentement d'une des parties; et de même qu'il s'est établi sans qu'on ait eu besoin de recourir à une loi, à plus forte raison, il peut être abandonné sans intervention du pouvoir législatif.

Si donc le ministère français croit devoir soumettre à l'Assemblée Nationale le traité à faire avec l'Egypte, ce n'est pas parce que l'Assemblée a le pouvoir législatif, c'est parce qu'elle est souveraine.

« voyés devant leurs Consuls pour les délits ou les crimes « *qui n'attaquent aucun sujet ottoman*, continue de « n'avoir d'autre résultat qu'une impunité aussi affligeante « pour la Justice que pour la morale publique. » (*Moniteur du* 21 *janvier* 1836.)

Chambre des Députés — *Rapport de M. Parant.* — « Parmi les privilèges les plus appréciables pour les Français, « il faut compter celui de n'être justiciables que de leur « justice nationale, lorsqu'il s'agit *de différends entr'eux* « ou de *crimes commis par eux, à l'égard d'un sujet* « *franc.* » (*Moniteur*, 20 *février* 1836).

Chambre des Pairs. — *Rapport du Marquis Barthelemy.* — « Messieurs, un privilège qui serait considéré « comme exorbitant partout ailleurs qu'en pays de chré- « tienté est assuré par nos Capitulations avec la Porte « aux Français établis dans les Etats Ottomans ; c'est celui « de n'être jugés en matière civile et criminelle que par nos « Consuls et d'après nos lois, *pourvu que les sujets turcs* « *ne soient pas intéressés dans la contestation.* » (*Moniteur, 17 avril 1836*).

Pour compléter les documents relatifs à l'interprétation donnée aux Capitulations par les différents pouvoirs en France, citons une note dont Parant a cru devoir accompagner son rapport.

« L'article 15 de la Capitulation ou diplôme du 28 mai 1740 est celui qui assure aux Français le droit de n'être jugés que par les juges de leur nation en matière *criminelle*, comme d'autres articles le leur confèrent pour les contestations *civiles*. Nous nous bornons à citer le texte de ce dernier article :

« Art. 15. S'il arrivait quelque meurtre ou quelque « désordre *entre les Français*, leurs Ambassadeurs et leurs « Consuls en décideront selon leurs us et coutumes, sans « qu'aucun de nos officiers puissent les inquiéter à cet « égard. »

D'après ce texte, il n'y a donc lieu à l'action de notre justice que quand le crime a été commis à l'égard *d'un Français* ; et dès lors, s'il s'agit d'un crime commis sur un sujet de la Porte, l'autorité locale reste chargée de la répression. C'est ainsi que l'entend M. de Martens. (*Guide diplomatique*, t. 1er, p. 181.)

Mais cet auteur parle de la pratique générale ; il raisonne *d'après les termes des Capitulations*. Quant aux Français, l'*usage* a étendu la concession résultant des traités. Toutes les fois que nos consuls ont réclamé *la* FAVEUR de s'emparer de la poursuite contre un de nos nationaux prévenu de crime à l'égard d'un naturel du pays, il est sans exemple que CETTE FAVEUR lui ait été refusée ; et de là vient que le Gouvernement a parlé, dans l'article 1er de son projet, non seulement des cas prévus par les traités, mais encore de ceux autorisés par les usages.

Il y a dans cette note une double erreur :

La première est une erreur d'appréciation ;

Nous avons suffisamment expliqué en effet que le droit pour nos nationaux d'être jugés par les Consulats en matière de crimes n'intéressant que des Français ne constituait pas une prérogative , mais simplement l'application d'une règle commune à tous les sujets non musulmans. C'était en 1836 le droit commun du pays.

La seconde erreur consiste en ceci : au lieu de dire qu'il était sans exemple en 1836, que l'autorité musulmane ait refusé au Consul la *faveur* de s'emparer de la poursuite contre un de nos nationnaux prévenu de crime à l'égard d'un naturel du pays, il fallait dire qu'il était sans exemple qu'on ait songé à réclamer une pareille faveur quand la victime indigène n'avait pas été désintéressée.

La cause de cette erreur fort excusable se trouve dans une connaissance très imparfaite de l'état des choses et de la législation du pays.

Nous avons déjà expliqué, en effet, que l'action publique n'existant pas en Orient, il n'y a plus lieu à l'application de la peine quand la victime a déclaré se contenter d'une satisfaction pécuniaire ou n'a pas porté de plainte.

C'est dans cette dernière hypothèse seulement que le Consul pouvait demander à poursuivre son administré; car de même que jamais aucun Consul n'aurait songé à demander qu'on soumît à sa juridiction une contestation civile élevée par un musulman contre un français, de même et à plus forte raison, il n'aurait osé demander de régler lui-même la satisfaction pénale ou pécuniaire due à cet indigène, pour un crime commis contre lui par un français.

Seulement, quand l'indigène avait été désintéressé par le prévenu, quand la loi musulmane n'armait de la poursuite aucune partie publique, et que le Consul demandait à punir le coupable en dehors de toute question d'intérêt particulier, l'autorité musulmane n'avait aucune raison de refuser cette faveur, parce qu'elle considérait la poursuite du Consul comme une simple question de police intérieure, et elle livrait le coupable avec d'autant plus de facilité qu'elle y voyait une garantie pour la bonne conduite des Européens.

Quoiqu'il en soit, on voit que cette extension de la compétence consulaire était, en 1836, considérée comme une tolérance de l'autorité musulmane ; ce n'est pas un droit, c'est *une faveur*, mais une faveur pour le Consul apparemment ; car il est vraisemblable que le prévenu, que la loi du pays considérait comme libéré après que la victime s'était contentée d'une satisfaction pécuniaire, ne devait pas regarder comme une faveur d'être repris par la justice du Consulat et puni suivant les lois françaises.

Nous ne saurions trop le répéter, la situation

des Européens en matière de relations judiciaires, d'après les Capitulations, n'était exceptionnelle que quand on la comparait à ce qui avait lieu dans les pays de chrétienté; car d'après les idées musulmanes, c'était l'application du droit commun et non un privilège.

Mais le nombre des Européens ayant augmenté depuis 1836, il est facile de comprendre que cette application du droit commun musulman, même en restant dans les limites des Capitulations, devait arriver à causer de graves embarras tant dans les relations civiles et commerciales entre étrangers et indigènes, que dans les matières de police. D'ailleurs, la portée et l'utilité du droit moderne, qui fait une bien plus large part à la souveraineté territoriale se faisaient jour dans l'esprit des autorités musulmanes.

En 1856, après la guerre de Crimée, l'attention du Congrès de Paris a été appelée par la Porte sur ce point, et il n'est pas sans intérêt, au point de vue qui nous occupe, de constater quelle a été l'appréciation unanime des plénipotentiaires sur ces Capitulations qui, on ne peut le méconnaître, étaient faites pour un autre temps, d'autres mœurs et d'autres relations que ce qui existe aujourd'hui.

Il s'agit, pour nous, d'apprécier la valeur des réclamations de l'Egypte, qui se plaint qu'on lui a fait un état pire que celui qui résulte des Capitulations; il est utile de voir ce que les puissances européennes pensent des Capitulations auxquelles l'ambition du Gouvernement Egyptien ne tend même pas à revenir purement et simplement.

Voici ce que nous lisons dans un protocole du Congrès de Paris :

« M. le Comte de Clarendon (Angleterre) dit qu'en appelant la Turquie à faire partie du système politique de l'Europe, les puissances contractantes donneraient un témoignage éclatant des dispositions qui les unissent *et de leur sollicitude, pour les intérêts généraux de leurs sujets respectifs, si elles cherchaient à s'entendre* dans le but de *mettre les rapports de leur commerce et de leur navigation en harmonie avec la position nouvelle qui sera faite à l'Empire Ottoman.*

« M. le Comte Walewski (France) appuie cet avis, en se fondant sur *les principes nouveaux qui vont sortir des délibérations du Congrès*, et sur les garanties que les récentes mesures prises par le Gouvernement du Sultan donnent à l'Europe.

M. Le Comte de Cavour (Italie) fait remarquer qu'aucune puissance ne possède une législation commerciale d'un caractère plus libéral que celle de la Turquie, et que l'*anarchie qui règne dans les transactions*, ou plutôt *dans les rapports personnels des étrangers* résidant dans l'Empire Ottoman, *tient à des stipulations nées d'une situation exceptionnelle.*

« M. le Baron de Manteuffel (Prusse) dit que la Prusse ayant eu un traité de commerce avec la Porte, il a eu occasion de constater *les difficultés de toute nature auxquelles donne lieu la multiplicité des conventions conclues avec la Turquie*, et stipulant pour chaque puissance le traitement de la nation la plus favorisée.

« M. le Comte de Buol (Autriche) reconnait qu'il résulterait certains avantages du règlement des relations commerciales de la Turquie avec les autres puissances ; mais les intérêts, différant avec les situations respectives, il ne peut être procédé qu'avec une extrême circonspection à un remaniement touchant à des positions acquises, et remontant aux premiers temps de l'Empire Ottoman.

« Ali-Pacha (Turquie) *attribue toutes les difficultés qui entravent les relations commerciales* de la Turquie et l'action du Gouvernement Ottoman *à des stipulations qui ont fait leur temps*. Il entre dans les détails tendant à établir que les privilèges acquis *par les Capitulations aux Européens nuisent à leur propre sécurité*, et *au développement de leurs transactions*, en limitant l'intervention de l'administration locale ; *que la juridiction dont les agents étrangers couvrent leurs nationaux constitue une multiplicité de Gouvernements dans le Gouvernement*, et par conséquent, un obstacle infranchissable à toutes les améliorations.

« M. le Baron de Bourqueney (France) et les autres plénipotentiaires avec lui *reconnaissent que les* Capitulations répondent a une situation à laquelle le *traité de paix* tendra nécessairement à mettre fin, et que les privilèges qu'elles stipulent pour les personnes, *circonscrivent l'autorité de la Porte dans des limites regrettables ;* qu'il y a lieu d'aviser à des tempéraments propres à tout concilier, mais qu'il n'est pas moins important de les proportionner aux réformes que la Turquie introduit dans son administration, de manière à combiner les garanties nécessaires aux étrangers avec celles qui naîtront des mesures dont la Porte poursuit l'application.

« Ces explications échangées, MM. *les plénipotentiaires reconnaissent unanimement la nécessité de réviser les stipulations qui fixent les rapports commerciaux de la Porte avec les autres puissances*, ainsi que les CONDITIONS DES ÉTRANGERS RÉSIDANT en Turquie, et ils décident de consigner au protocole le vœu qu'une délibération soit ouverte à Constantinople, après la conclusion de la paix, entre la Porte et les représentants des autres puissances contractantes, pour atteindre ce double but, *dans une mesure propre à donner une entière satisfaction à tous les intérêts légitimes.* »

Voilà ce qu'il faut penser des Capitulations que l'on s'obstine, faute de les connaître, à considérer comme le Palladium des intérêts français en Orient, et qui, « nées de circonstances exceptionnelles, » comme le disait M. de Cavour, sont cause de « l'anarchie qui règne dans des transactions, ou « plutôt dans les rapports personnels des étrangers « résidant dans l'Empire Ottoman. »

Les Capitulations sont encore appliquées dans l'Empire Ottoman ; mais en Egypte, il s'est créé, par suite de pratiques qui se sont introduites dans les Consulats, sans le consentement du Gouvernement local, sans même qu'il eût la plupart du temps le moyen de s'y opposer efficacement, un état de choses tout différent, contraire aux Capitulations, qui a pu augmenter les prérogatives consulaires, mais qui, on le verra, bien loin de sauvegarder les intérêts des Européens, les compromet de la manière la plus grave.

II.

ETAT ACTUEL DES RELATIONS JUDICIAIRES EN EGYPTE.

SES CONSÉQUENCES.

L'état actuel des choses en matière judiciaire se résume en Egypte, dans l'application la plus absolue de l'adage : *Actor sequitur forum rei.*

Cela ne veut pas dire que le Consulat du défendeur connait de toutes les questions du procès. Cela veut dire que personne, en Egypte, ne peut être condamné que par le tribunal de sa nationalité.

Ainsi, les cautions, par exemple, ne peuvent être ni appelées ni jugées par le tribunal du défendeur principal, quand elles n'appartiennent pas à la même juridiction ; les demandes reconventionnelles ne sont pas reçues contre un demandeur étranger.

Or, chaque tribunal, consulaire ou indigène, juge d'après sa législation et suivant des règles de preuves et de procédure différentes.

D'autre part, aucun tribunal ne tient compte des jugements rendus par un autre tribunal.

Quelles ciconstances donnèrent-elles lieu à l'établissement d'un pareil système à côté des Capitulations et malgré elles ?

Ce fut précisément une disposition des Capitulations dont on abusa.

Nous avons vu que le tribunal local ne pouvait condamner l'étranger défendeur hors de la présence du drogman.

Or, malgré l'obligation imposée aux étrangers de faire présenter ce drogman, les mauvais débiteurs négligèrent de le faire.

L'indigène demandeur s'adressait alors au Consul, uniquement pour demander que cette formalité fût remplie, et lui exposait son affaire.

Le Consul, bien souvent, convaincu de la mauvaise foi de son administré, l'obligeait à payer, et pour cela rendait un jugement.

L'indigène créancier y trouvait son avantage.

Puis, ce qui d'abord était fait dans l'intérêt de l'indigène, le Consul l'invoqua comme un *précédent*, et voulut juger dans tous les cas, et dès qu'un seul Consul se mit à juger, tous en firent autant.

De même, en refusant de commettre des délégués consulaires pour assister les officiers de justice locaux dans l'exécution des jugements, on obligea les indigènes à demander l'exécution au Consul.

Tout ceci ne commença qu'en 1850 environ, et

les étrangers ayant augmenté dans des proportions considérables, l'usage devint général.

Le Consulat d'Angleterre résista le dernier à l'entraînement, et c'est seulement en 1860, qu'il admit le mode de procéder de tous les autres.

Le Gouvernement n'y pouvait rien, puisque tout se passait en dehors de lui, et dans l'intérieur des Chancelleries.

Quand il comprit la gravité du fait, le pli était pris.

Il est inutile de démontrer quels sont les inconvénients d'un pareil système; étant donné la situation, chacun peut, pour peu qu'il ait la moindre notion du droit et de la marche des procès, les apercevoir en faisant l'application d'une semblable théorie aux différentes espèces qui peuvent s'imaginer.

Ainsi, on voit que le sort d'un contrat passé entre résidents de nationalités différentes dépend de la juridiction et de la législation à laquelle est soumis actuellement celui des deux contractants qui sera le défendeur au moment où naîtront des difficultés sur l'exécution du contrat. Il suit de là, que chacun des contractants a le plus grand intérêt à se saisir de l'objet de la réclamation pour être jugé par son Consul et d'après sa propre législation.

D'autres fois on a intérêt à être demandeur. Ainsi le Consulat de France juge, conformément à la loi française, que le congé d'un bail doit être donné dans un délai déterminé.

D'après le droit musulman, le locataire, en offrant une augmentation d'un dixième du loyer, peut rester dans les lieux, même si le bail a une durée fixe, tant que le propriétaire ne veut pas lui-même habiter sa maison.

En sorte que le locataire français d'un immeuble appartenant à un indigène se fera maintenir dans les lieux par justice, s'il a procédé devant le Tribunal local par voie de demande en nullité de congé. Au contraire, il sera expulsé si le propriétaire, prenant les devants, l'assigne en validité du même congé devant le Tribunal Français.

Voici au surplus des faits qui se présentent tous les jours :

D'après l'Edit de 1778, le Tribunal Français ordonne l'exécution provisoire dans un grand nombre de cas, sans caution.

Quand le jugement de condamnation est infirmé par la Cour d'Aix, il y a lieu à restitution de la somme payée par suite de l'exécution provisoire.

Quel est le Tribunal compétent pour prononcer cette restitution ? C'est le Tribunal du demandeur originaire. Or, s'il est étranger, le Français qui aura gagné son procès à Aix, devra plaider de nouveau devant un Tribunal étranger qui examinera l'affaire au fond et souvent jugera que la restitution n'est pas due.

Autre espèce fréquente : Un propriétaire non payé par son locataire obtient un jugement prononçant l'expulsion de ce dernier. En se présentant pour exécuter ce jugement, il rencontre un nouveau locataire d'une autre nationalité, cessionnaire de celui qu'il a fait condamner.

Il faut plaider à nouveau pour obtenir un nouveau jugement devant un nouveau tribunal et rencontrer ensuite les mêmes obstacles après chaque sentence.

Ainsi la Compagnie du Canal de Suez a loué un lot considérable de maisons à Port-Saïd à une Loge franc-maçonnique qui n'exécute pas les conditions du contrat. La Compagnie est fort embarrassée d'agir contre son locataire par la raison que les présidents de la Loge se succèdent à des intervalles rapprochés, et appartiennent successivement à toutes les nationalités. D'ailleurs, l'immeuble est occupé par des sous-locataires qui sont justiciables de Consulats différents et qui invoquent tous des cessions faites par le principal locataire, soit pour une somme une fois payée, soit avec faculté d'acheter la partie de l'immeuble à eux louée. La Compagnie du Canal a dû renoncer à toucher ses loyers et à rentrer en possession de son bien jusqu'à ce qu'on établisse dans le pays une justice régulière et uniforme.

En matière de faillite, suivant la loi Française, et par conséquent devant le Consulat de France, le jugement déclaratif de faillite annule les paiements et certains contrats faits depuis une date déterminée. Ce jugement produit son effet contre les créanciers ou co-contractants français. Mais comment pourrait-il en être de même contre les Etrangers dont la législation est différente et qu'il faudrait rechercher devant un autre Consulat ?

On le voit, ici l'inconvénient existe pour les seuls Français sans compensation.

Qu'on le veuille bien remarquer, on se fait illusion quand on considère uniquement l'avantage pour les Français d'être jugés par un Tribunal Français, car il y a un revers à cette médaille, c'est que de leur côté les Français sont obligés d'aller chercher leurs débiteurs devant les 17 juridictions différentes qui fonctionnent en Egypte mais il y a un inconvénient plus grand encore, c'est que toutes ces juridictions, sauf le Tribuna Indigène, ne statuent qu'en première instance. S le débiteur interjette appel, il faut le suivre à Ancône, à Stettin, à Rio-Janeiro, et dans quelques cas plus favorables, à Constantinople où certains Consulats ont leur Cour d'appel.

Si l'on voulait examiner tous les cas où cette anarchie judiciaire doit se manifester par la force des choses, comme une conséquence nécessaire de pratiques judiciaires qui se sont introduites, la matière serait inépuisable; car, il faut bien le remarquer, tout cela est inévitable et indépendant de la bonne volonté et de la capacité des Consuls.

Malheureusement, il faut ajouter que l'organisation et la composition de bien des juridictions consulaires laissent beaucoup à désirer.

Deux seulement à Alexandrie, ont pour Présidents des magistrats de l'ordre judiciaire. Le autres, dans cette ville, et tous au Caire, à Port-Saïd et à Suez, sont présidées par un Consul qui n'a fai aucune étude de droit, par un élève Consul, pa un Chancelier, ou même par un Commis de Chancellerie.

Ces Présidents jugent avec l'assistance de deux assesseurs commerçants, dont l'ignorance, assurément, est bien excusable, et qui, cependant, ont souvent à statuer sur des questions de droit civil ou criminel fort délicates, et dont l'intérêt est considérable, même des questions d'état civil (1).

Il y a un point que nous ne voudrions pas toucher, c'est celui-ci :

On excuserait jusqu'à un certain point l'ignorance des juges ; mais, parmi ces nombreux Consulats auxquels les Français sont obligés de s'adresser quand ils ont à poursuivre un étranger, il n'y en a que bien peu qui se fassent une idée nette de leurs devoirs. Pour eux, il ne s'agit pas de rendre la justice, il s'agit de protéger leurs nationaux.

Afin de ne pas insister sur des considérations pénibles, il nous suffira de citer ce qu'imprimait dernièrement, sans avoir été démenti, un avocat d'Alexandrie, témoin du fait qu'il avance :

---

(1) Voici ce que nous lisons dans les procès-verbaux de la Commission de Constantinople, dont il sera question plus loin :

« M. Tricou (délégué Français), dit que, dans les Tribunaux « Consulaires, où le Consul est souvent le seul qui ait fait des « études de droit (?), les assesseurs lui laissent presque toujours « le soin de décider les questions légales.

« M. Maunoury (conseil du Gouvernement Egyptien), dit que « c'est un malheur pour les tribunaux consulaires. » (Procès-verbaux, page 58).

« Que dire de certains Consulats où il est impossible d'obtenir justice ?....

Les denis de justice au Consulat général de Grèce sont si fréquents, qu'un jour, en pleine audience du Tribunal Français, à l'appel d'une cause intentée par un grec contre un français, M. Le Président Tricou (alors élève Consul à Alexandrie) a fait approcher le demandeur et lui a dit *textuellement* ces paroles :

« Votre affaire est rayée du rôle ; allez dire à votre Consul « que lorsqu'il rendra la justice aux français, je rendrai, « moi, la justice à ses nationaux. »

Nous ne voulons pas insister sur les reproches plus ou moins fondés qui peuvent s'élever contre le personnel des justices consulaires, car, à la rigueur, l'on peut concevoir la possibilité d'une entente entre les Puissances qui permettrait de les composer d'une manière satisfaisante, bien qu'en fait la tâche soit assez difficile. Mais ce qu'il faut considérer comme hors de toute contestation, c'est qu'avec les magistrats les plus recommandables, l'existence de juridictions rivales qui fonctionnent en Egypte avec dix-sept législations différentes, et sous l'empire d'un principe qui appelle simultanément plusieurs d'entr'elles à statuer sur le même litige, doit, par la force des choses, compromettre d'une manière grave et inévitable les intérêts que ces juridictions sont appelées à sauvegarder.

A ce point de vue, on comprend quels dangers courent en Orient les droits de propriété immobilière, les Consulats en étant arrivés, au mépris de tous les principes du droit commun, à juger chacun d'après sa loi les questions de droit réel immobilier; de plus, la constitution d'une garantie foncière est impossible, les droits contre le tiers-détenteur dépendant de la législation étrangère à laquelle ce dernier est soumis.

Croirait-on, par exemple, que le Consulat Russe à Alexandrie a ouvert un bureau d'hypothèques dans sa Chancellerie, et juge les questions hypothécaires suivant la loi russe? (aff. *Agopian* contre *Achikian*).

Nous indiquerons enfin, l'impossibilité de terminer les réclamations élevées par les Français contre le Gouvernement Egyptien. Car, d'une part, les Français ne veulent pas accepter de porter leur action devant les tribunaux locaux tels qu'ils sont actuellement constitués, et, d'autre part, on comprend très-bien que le Gouvernement, quand il croit que la réclamation n'est pas fondée, refuse d'y faire droit sans qu'il ait été condamné judiciairement.

Le seul recours qu'on puisse invoquer en cet

état est la voie diplomatique qui arrive bien rarement à un résultat, et n'arrive, en tout cas, qu'à un résultat qui ne contente aucune des parties.

Ce que nous avons dit de la juridiction civile et commerciale des tribunaux consulaires est exactement vrai pour leur juridiction pénale.

En fait, il n'y a pas sécurité, parce qu'il n'y a pas égalité dans la répression. Il est clair, d'ailleurs, que chaque Consulat revendiquant le droit d'instruire et de statuer contre son administré en matière criminelle, il n'y a pas de police possible. Nous ne voulons pas insister sur ce point parce que nous verrons à quoi la question a été réduite par suite du consentement donné par le Gouvernement Egyptien à renoncer aux prérogatives que le droit commun et les Capitulations devraient consacrer à son profit.

En résumé, l'état de choses actuel est la négation des Capitulations.

Il amène à des inconvénients intolérables pour les intérêts Français en Egypte, personne ne le conteste : tout le monde convient qu'il faut en sortir.

Mais comment ?

Rentrer dans les Capitulations et constituer une juridiction unique, pour tous les procès autres que ceux qui naissent entre étrangers de même nationalité et qui resteraient soumis aux Consulats comme le veulent les Capitulations ?

L'Egypte l'a proposé : elle a fait plus, elle a offert de n'appliquer ces Capitulations qu'en y ajoutant des stipulations nouvelles de garanties considérables qu'elle a soumises à la discussion des Puissances, et, en dernier lieu, elle se borne à proposer de faire un essai temporaire, après lequel, s'il ne paraît pas donner des résultats satisfaisants, il sera loisible aux puissances Européennes de revenir à l'état de choses actuel. Enfin, elle consent à suspendre pendant ce temps d'essai une partie du droit que les Capitulations lui accordent en matière de juridiction criminelle.

C'est l'histoire des négociations auxquelles ces propositions ont donné lieu qu'il convient maintenant d'aborder.

III.

NÉGOCIATIONS AUXQUELLES ONT DONNÉ LIEU LES PROPOSITIONS DU GOUVERNEMENT ÉGYPTIEN.

La question de la réforme à introduire dan l'administration de la justice en Egypte fut, pou la première fois, posée publiquement par Nubar Pacha, Ministre des Affaires Étrangères du Gouvernement Égyptien, dans une note au Vice-Ro d'Égypte, communiquée aux Ambassades de Puissances à Constantinople, note qui est presqu'aussitôt passée dans la publicité.

Dans cette note, Nubar-Pacha se place principalement au point de vue des intérêts du Gouvernement Égyptien et des Indigènes; c'est en leu nom qu'il signale l'infraction commise aux traité et les inconvénients de la multiplicité des juridictions; aussi, ne réclame-t-il l'organisation d'un juridiction unique que pour les procès nés entr Indigènes et Européens.

Citons quelques passages de cette note qui e feront mieux comprendre la portée et l'espri qu'une analyse si complète qu'elle soit.

« La juridiction qui régit les Européens en Egypte et détermine leurs relations avec le Gouvernement ainsi qu'avec les habitants du pays, n'a plus pour base les Capitulations. De ces Capitulations, il n'existe plus que le nom ; elles ont été remplacées par une législation coutumière, arbitraire, résultat du caractère de chaque chef d'Agence ; législation basée sur des antécédents plus ou moins abusifs, que la force des choses, la pression d'un côté, le désir de faciliter l'établissement des étrangers de l'autre, ont introduite en Egypte, et qui laisse actuellement le Gouvernement sans force et la population sans justice régulière dans ses rapports avec les Européens. — Cet état de choses ne profite à personne, pas plus aux intérêts généraux des Puissances qu'à la population honnête du pays, indigène ou étrangère ; il s'exerce au détriment du pays, au détriment du Gouvernement, à l'avantage de ceux qui se font un métier de l'exploiter.

Le Gouvernement se voit assailli de procès que souvent les Consuls eux-mêmes ne peuvent s'empêcher de qualifier de scandaleux.......

Le Gouvernement qui sent que le progrès ne peut lui venir que de l'Europe, qui aspire à l'introduction de cet élément civilisateur, qui veut lui confier ses grands travaux, base de son Agriculture et de son Commerce, qui veut appeler des capitaux en leur présentant un emploi rénumérateur, est obligé d'éloigner l'Européen de peur d'en devenir la victime; — il est réduit à l'impuissance, et il se voit obligé d'abandonner le pays à lui-même. — De tous les travaux confiés aux Européens, le bassin de radoub seul de Suez, est terminé ; tous les autres sont inachevés ou non encore commencés, et, tels qu'ils sont, ont donné et donnent encore lieu à des indemnités. ....

Cet état de choses, contraire à l'esprit, contraire à la lettre même des Capitulations, non-seulement empêche le pays de développer des ressources, de fournir à l'industrie et à la richesse européennes tout ce qu'il est apte à fournir, mais encore il met obstacle à son organisation et le ruine aussi bien moralement que matériellement.

Voilà le mal ; voici maintenant le remède proposé par Nubar-Pacha :

Votre Altesse a pensé que le seul remède à porter à cet état de choses, était l'organisation d'un bon système de justice qui présente à l'Europe toutes les garanties qu'elle est en droit de demander.

Votre Altesse a pensé que *l'élément étranger doit entrer dans l'organisation de nos tribunaux.* — On doit donc tenir compte de cet élément dans l'organisation des Tribunaux, et même, dans le principe, lui donner *des garanties mêmes superflues,* afin de lui inspirer de la confiance et dans les hommes et dans le Gouvernement.

Le principe est la *séparation complète de la justice d'avec l'administration. La justice doit émaner du Gouvernement, mais* NON EN DÉPENDRE : *elle ne doit pas plus dépendre du Gouvernement que des Consulats.* — Pour pouvoir atteindre le but que se propose Votre Altesse, il faut que les Puissances soient persuadées de ce fait : « LA JUSTICE ÉMANE DU GOUVERNEMENT, ELLE NE DÉPEND PAS DE LUI. » — Le moyen d'inspirer cette conviction, c'est de posséder un corps de magistrature..........

.... à de nouvelles nécessités, il faut de nouvelles lois. Les Européens, en s'établissant dans le pays, ont amené avec eux des usages nouveaux, des relations nouvelles. Un sytème mixte a commencé à s'introduire dans nos Lois et dans nos Codes. — Il faut conséquemment des hommes nouveaux pour appliquer ce nouveau système. Il faut que l'Egypte, pour l'administration de la justice, fasse ce qu'elle a déjà fait d'une manière si efficace pour son armée, ses chemins de fer, ses ingénieurs des Ponts et Chaussées, ses services de santé et d'hygiène. L'élément compétent, l'élément étranger a été introduit ; cet élément a servi à former l'élément indigène. Ce qui a été fait dans l'ordre matériel doit être fait dans l'ordre moral, c'est-à-dire dans l'organisation de la Justice.

. . . . Je ne veux pas discuter, Monseigneur, — Il me suffit seulement du mot que Votre Altesse a prononcé : « DONNONS DES GARANTIES, MÊME SUPERFLUES. »

Puis précisant mieux ses propositions, Nubar-Pacha offrait de composer des Tribunaux de première instance, de deux assesseurs européens, choisis par les Consuls, et siégeant à tour de rôle, et de deux assesseurs indigènes choisis par le Gouvernement Egyptien. Le président serait Egyptien. Mais la Vice-Présidence appartiendrait à un magistrat choisi en Europe et inamovible.

Une Cour d'appel composée de trois membres égyptiens pris parmi ceux qui ont fait leur droit en Europe, et de trois magistrats demandés aux nations Européennes, fonctionnerait sous la présidence d'un Egyptien.

Il serait aussi établi des tribunaux civils composés de deux magistrats européens et de deux indigènes, sous la présidence d'un sujet égyptien

Les questions immobilières resteraient soumise aux Tribunaux anciens, composés exclusivemen d'indigénes, ces tribunaux jugeraient tous le procès entre indigènes et étrangers demandeur ou défendeurs.

Puis, Nubar-Pacha, après avoir expliqué comment, dans la pratique, on s'est écarté du texte de Capitulations dans les questions criminelles, poursuit ainsi :

Quel est l'esprit des Capitulations ? La protection de l'étranger, mais non son impunité. — Quelle est leur lettre ? Son jugement par les tribunaux du pays, avec la garantie du Tribunal Suprême et l'assistance de son Drogman.

On fait à Votre Altesse la même objection que pour le tribunaux civils, objection fondée sur l'absence de lois et d magistrats présentant des garanties suffisantes. Mais Votr Altesse, dans son désir de régulariser ses relations avec le Puissances, mettant de côté ce qu'Elle pourrait réclame comme un droit naturel et résultant des Capitulation mêmes, — le droit imprescriptible de tout Gouvernemen d'appliquer les lois de police et de sûreté à tous ceux qui habitent son territoire, a bien voulu appliquer au crimine l'idée qu'Elle a eue au civil, c'est-à-dire instituer des tribunaux mixtes correctionnels.

Les Capitulations protègent d'une manière inviolable l domicile et la personne de l'étranger. Il n'est pas questio de porter atteinte à ce principe. Votre Altesse veut même l fortifier ; Elle veut entourer l'Européen, accusé de crime, de plus de garanties que ne lui en accordent les Capitulations ; au lieu d'un drogman, témoin muet, Elle lui donne des Juges pris en Europe et un Jury mi-partie d'Indigènes et d'Européens. *Si on demande plus de garanties, Votre Altesse les accordera.* Le but de Votre Altesse est la protection du citoyen honnête, que l'impunité dont jouissent les coupables met de plus en plus en danger. — Les cas d'infractions moins graves, ceux que la loi Française nomme délits ou contraventions, seront soumis aux mêmes tribunaux mixtes. Dans tous les cas, l'appel se fera au tribunal supérieur établi à Alexandrie ; cette faculté d'appel présente toutes les garanties désirables.....

En résumé, ce que Votre Altesse demande, soit au civil, soit au criminel, c'est le retour aux Capitulations, et non seulement un retour pur et simple, mais, au contraire, un retour qui accorderait aux Etrangers des garanties bien supérieures à celles que leur présentaient ces Capitulations.

En effet, d'après celles-ci, c'est un tribunal indigène qui juge, en présence du Drogman, simple témoin sans voix délibérative.

D'après la Réforme projetée, Votre Altesse, à la place de ce témoin muet, donne aux étrangers la garantie d'un tribunal, dans la composition duquel entre un élément européen et d'un Code révisé, conformément aux lois européennes pénales et civiles.

L'organisation proposée par Votre Altesse, calquée sur l'organisation judiciaire de l'Algérie, offre, il me semble, par là même, toutes les garanties désirables.

Il paraît impossible à Votre Altesse que les Puissances se refusent à les admettre.

Il manquait à la note de Nubar-Pacha, pour

attirer l'attention des Puissances, d'insister d'un façon suffisamment précise sur les dangers que l système d'administration de la justice, introdu par les pratiques consulaires, faisait courir au intérêts européens.

Peut-être le Ministre pensa-t-il qu'il n'ava pas qualité pour parler au nom de ces intérêts.

Peut être aussi la note eût-elle passé inaperçue si la forme un peu vive des accusations qu'ell portait contre les Consulats n'eût ému les chan celleries.

Il en résulta ceci, que l'idée qui prédomina dan les négociations fut que l'Egypte était mue bie moins par l'intérêt des indigènes que par un senti ment d'ambition, et par le désir de reconquérir sur les Consulats, les prérogatives qu'elle avai laissé usurper.

De là, chez quelques puissances, un sentimen de défiance qui, même aujourd'hui, a de la pein à disparaître, et qui empêche d'apercevoir combie les Européens sont intéressés à l'institution d'un bonne justice en Egypte.

On ne voulut pas voir, ce qui cependant étai évident, qu'en prenant le Vice-Roi au mot, en insistant sur les garanties même superflues qu'i offrait, on le faisait souscrire à l'abandon de ce pouvoir absolu qu'on affectait de craindre.

Quoiqu'il en soit, grâce à la vivacité de l'attaque, les propositions du gouvernement égyptien furent examinées en Europe.

En 1867, le gouvernement français chargea de cet examen une commission siégeant, sous la présidence de M. Duvergier, au ministère des affaires étrangères.

Le rapport de cette commission offre un certain intérêt, non pas que ses conclusions aient été acceptées par le gouvernement français, mais parce que ces appréciations sont un peu sévères pour le gouvernement égyptien, et que c'est dans ce document seul que ceux qui sont portés à maintenir le *statu quo* peuvent puiser quelque argument.

Pour s'éclairer, la commission, entendit seulement quelques personnes résidant en Egypte, et que le hasard de leurs affaires avaient amenées à Paris. Son rapport est du 3 décembre 1867.

Voici d'une manière aussi exacte que possible l'analyse et les passages saillants de ce travail:

Il constate, en premier lieu, l'état, que nous connaissons, des relations judiciaires des français entre eux, des français avec les étrangers d'une autre nationalité, et des français avec les indigènes.

Puis il entreprend la justification de cet état de choses.

La compétence des Tribunaux Consulaires dans les procès entre Français, la non-obligation de la juridiction locale dans les différends des français avec les européens d'une autre nationalité, se justifient, nous le savons, par le texte des Capitulations.

Quant à la revendication par les Consulats des litiges nés entre européens défendeurs et indigènes, le rapport reconnaît très bien que le texte des Capitulations la repousse formellement.

Comment donc justifie-t-il l'usage qui s'est introduit contrairement aux Capitulations ?

Par l'usage lui-même.

C'est-à-dire que l'Egypte se plaint d'un abus évident, on lui répond que l'abus est justifié parce qu'il existe.

Nous avons expliqué l'origine de cet abus qui n'a jamais été consenti par le Gouvernement et qui, ainsi que la Commission le reconnaît, est contraire aux traités et n'existe pas à Constantinople où siége la seule autorité ayant le pouvoir de souscrire à une modification des traités.

Le rapport ajoute toutefois que cette pratique était nécessaire, et voici comment il déduit les raisons de son opinion :

Pour les règlements des difficultés qui s'élèvent entre les européens et les indigènes, la règle est bien claire et souvent reproduite :

La valeur du procès est-elle de 4000 aspres ou moindre? le juge local est seul compétent, mais il ne peut juger qu'en présence du drogman. Si le litige dépasse 4000 aspres, ce n'est plus devant l'autorité judiciaire locale que le procès doit être porté, mais devant les conseils du Gouvernement Turc à Constantinople.

Mais en Egypte, dans les procès entre européens et indigènes, on a accepté la règle suivie pour les procès entre européens de nations différentes, *actor sequitur forum rei*. Cet usage s'est établi, parce qu'il était impossible, conformément au texte littéral des Capitulations, de recourir à la Porte, pour tous les procès excédant 4000 aspres........ »

Cette première raison n'est pas très sérieuse : cette impossibilité ne pouvait avoir pour effet de rendre compétent un tribunal européen, quand la compétence était déférée par les traités à un juge ottoman. On aurait pu simplement en conclure qu'il fallait étendre la compétence du juge local, pour éviter le déplacement ; et cela est si vrai que c'est ce qui se pratique quand l'indigène est défendeur dans les procès dont la valeur est supérieure à 4000 aspres. A Constantinople même, le divan de la Porte ne juge plus les procès privés, mais les laisse aller devant le tribunal local qui est compétent en tous cas.

Au surplus, la raison basée sur l'impossibilité d'aller à Constantinople est si peu admissible, que l'usage dont il s'agit ne s'est introduit qu'en 1850; or, depuis bien longtemps à cette date, on n'envoyait plus à Constantinople, mais on jugeait sur place les procès entre indigènes et étrangers quelle que fût leur valeur.

« ..... parceque c'était un moyen, non seulement d'obtenir
« des décisions judiciaires, mais encore de trouver une
« autorité qui en assurerait l'exécution........ »

Evidemment la commission ne s'est pas fait une idée bien nette de cet argument, car il faut s'entendre : dans l'intérêt de qui veut-on considérer comme légitimée la dérogation aux Capitulations et qui en demande le maintien? Les étrangers apparemment, et leurs Consuls.

Or, quand l'indigène est demandeur, et c'est le cas où la dérogation a lieu, qui a intérêt à obtenir une sentence et à être assuré de son exécution ? Evidemment l'indigène.

En sorte que la commission, pour maintenir la

violation des traités, invoque, au nom des européens, l'intérêt des indigènes.

« ..... Enfin, parce que, pendant longtemps, les tribu-
« naux spéciaux n'ayant pu être constitués en Egypte,
« comme cela avait eu lieu à Constantinople, pour juger les
« procès de cette nature, les européens n'auraient jamais con-
« senti à comparaître comme défendeurs devant la justice
« ordinaire du pays. »

Il y a ici une double erreur :

En fait, il existe depuis longtemps en Egypte des tribunaux spéciaux exactement comme à Constantinople. — En fait, jusqu'en 1850 et même jusqu'en 1860, les européens ont consenti à comparaître comme défendeurs devant les tribunaux ordinaires du pays; ils n'ont cessé de le faire que par suite des circonstances que nous avons signalées, mais, jusque-là, jamais ils n'avaient fait difficulté de se présenter devant ces tribunaux.

Le rapport ajoute :

« Les tribunaux français ont admis la légitimité de
« l'usage. »

Ceci n'est évidemment pas une raison à opposer au Gouvernement Egyptien, car que vaut un usage quand toutes les parties n'y consentent pas ?

Remarquons au surplus que, dès qu'un indigène saisi le tribunal français contre un français défendeur, il ne peut plus décliner la compétence, et que le français s'en garde bien ; en sorte que jamais la question de légalité de l'usage n'a pu se produire directement.

Relativement à la compétence revendiquée par les Consulats en matière criminelle, contrairement au texte précis des Capitulations, la commission invoque encore l'usage, c'est-à-dire ce que l'exposé des motifs et les rapports sur la loi de 1836 appelait *une faveur* du Gouvernement Ottoman, et dont nous avons expliqué la portée.

Notez que le rapport reconnait qu'à Constantinople le droit de poursuite appartient à l'autorité locale, ce qui infirme singulièrement la valeur de cet usage, qui, dans une partie de l'Empire seulement, contreviendrait aux traités dont le pouvoir central seul peut consentir la modification.

Mais, en dehors de l'usage, la commission invoque, d'une manière assez peu précise du reste, un texte formel :

La France a le droit de demander le traitement de la nation la plus favorisée ; or le rapport cite ici le passage de la Capitulation accordée aux Etats-Unis le 7 mai 1830.

« Si les citoyens des Etats-Unis d'Amérique avaient « commis quelque délit, ils ne seront point arrêtés et mis « en prison par les autorités locales, mais ils seront jugés « par leur Ministre ou Consul et punis suivant leur délit, « *en observant sur ce point l'usage établi à l'égard* « *d'autres francs* (1). »

En supprimant ces derniers mots, on aurait le droit de soutenir que les citoyens des Etats-Unis ne peuvent être poursuivis que devant leurs Consuls pour tous les crimes et délits à eux imputés, quelle que soit la victime.

Au contraire, en tenant compte de la fin de l'article, on voit que les américains n'ont pas d'autres droits que les autres francs.

Au surplus, sur ce point le doute même n'est pas permis.

En effet, si les Capitulations de 1830 avaient accordé aux Consuls des Etats-Unis la compétence entière sur leurs administrés en matière criminelle, tous les étrangers, et par conséquent les français,

(1) Il y a ici une légère inexactitude, les derniers mots dans l'original sont : « ainsi que cela se pratique pour les autres « Francs. » Le sens n'est plus tout à fait le même. On a voulu déterminer *dans quel cas* les Consuls américains ont juridiction, et non pas dire qu'ils auraient, *pour tous les cas,* la compétence accordée aux autres Consuls dans des cas restreints

auraient pu revendiquer le même droit ; or nous savons que, six ans plus tard, le gouvernement français reconnaissait, en présentant la loi de 1836, que cette compétence n'existait de droit que pour les délits qui n'intéressaient pas les indigènes.

Il y a plus : le sens du traité de 1830 est établi par la correspondance du plénipotentiaire américain qui a traité. Or, M. Rhind, ce plénipotentiaire, rendant compte de sa mission au général Jackson, Président des Etat-Unis, explique dans sa lettre du 10 Mai 1830 que, dans les négociations qui duraient depuis 1819, on lui refusait toute juridiction criminelle, qu'il avait insisté pour être traité sur le même pied que les européens, et que le traité a été conclu sur l'ultimatum qu'il avait présenté, et dont le premier paragraphe était ainsi conçu :

« Les Etats-Unis seront reçus *sur le même pied à tous* « *égards*, paieront les mêmes taxes de douanes et jouiront « de tous les droits et privilèges des nations les plus favo- « risées particulièrement de la France et de l'Angleterre. »

Et de fait, c'est dans le sens d'une compétence restreinte aux délits n'intéressant que leurs nationaux que les lois consulaires américaines sont faites, et c'est dans ce sens que les traités sont appliqués à Constantinople par les Etats-Unis.

On conçoit dès lors qu'il n'y a rien à conclure du texte des Capitulations de 1830, non plus que du texte absolument identique des Capitulations accordées à la Belgique en 1838 et aux Villes Anséatiques en 1839 (1).

Il faut donc bien le reconnaître, la Commission a vainement tenté de justifier l'usage suivi, contrairement aux Capitulations.

Mais au surplus, pour des hommes pratiques, cette question de légitimité de l'usage n'est que secondaire.

La principale question est de savoir si cet usage

---

(1) Pour ne rien omettre, il faudrait ajouter que la Commission parait vouloir tirer argument de la Capitulation Suédoise de 1837, car elle dit que son art. 8, qu'elle ne reproduit pas, semble réserver aux Consuls la compétence pour le cas spécial où un suédois aurait injurié « *qui que ce soit.* »

Il aurait fallu citer tout l'article qui dit très explicitement que « s'il survient une querelle entre un suédois et un sujet « ottoman, et si ce dernier dit que le Suédois l'a injurié ou « invoque une autre accusation, *le juge local* ne pourra « entendre la cause et juger en l'absence du drogman. »

Au surplus la compétence du juge local en matière de délit commis contre un sujet ottoman est si certain, que l'art. 13 l'étend même au Ministre de Suède pour tous les procès *de toute espèce ;* seulement dans ce cas la cause est jugée à la Sublime-Porte.

tel qu'il s'est établi, présente ou non des inconvé-nients.

La Commission examine ce point, et bien que son examen soit fort incomplet, on reconnaîtra au moins qu'elle en signale qui ont une importance capitale.

Cette pratique présente dans certains cas des inconvénients sérieux.

Les contractants, au moment où ils traitent, ne peuvent prévoir à quelle juridiction ils seront soumis, et la qualité de demandeur au lieu de la qualité de défendeur que les circonstances leur imposent les conduit parfois devant un tribunal où les règles de procéder et la législation même peuvent ne pas leur présenter toutes les garanties désirables.

Certains tribunaux consulaires étrangers, d'ailleurs, semblent donner lieu à quelques critiques au point de vue de l'administration de la justice.

L'application rigoureuse de la règle *actor sequitur forum rei* fait que le défendeur ne peut former des demandes reconventionnelles devant le tribunal où il est attaqué; il est obligé de limiter sa défense, de subir parfois une condamnation et d'intenter un procès devant une autre juridiction. Cette situation est d'autant plus facheuse *pour nos nationaux* que d'après l'édit de 1778, les tribunaux consulaires français prononcent l'exécution provisoire de leurs jugements et que l'action reconventionnelle, portée plus tard devant un autre tribunal, avec des pertes de temps et d'argent, alors même qu'elle réussit, peut rester sans effet.

Les inconvénients sont bien plus nombreux s'il y a plusieurs défendeurs : il faut faire autant de procès que l'on a

'adversaires de nationalité différente ; de là des frais nom-
reux, du temps perdu, parfois des contrariétés de jugements
t des difficultés très grandes d'exécution.....

Il faut convenir que, peut-être, les consulats n'offrent pas
ous les mêmes garanties. Il en est contre lesquels les plaintes
ont unanimes ; de là des denis de justice qui atteignent aussi
ien les sujets du Vice-Roi que les résidents étrangers.

Voilà pour ce qui est des procès civils.

En matière criminelle le rapport s'exprime
insi :

« Il est impossible de ne pas reconnaître que la situation exceptionnelle où se trouvent l'Egypte et les pays du Levant et de Barbarie, permet d'y constater des faits regrettables.......

Ces inconvénients bien reconnus, peut-être eût
été logique d'examiner si les garanties offertes
ar le Gouvernement Egyptien dans la composition
es tribunaux et dans leur fonctionnement pou-
raient assurer une bonne justice uniforme ; si, à
ôté de ces garanties, et pour arriver à ce but si
ésirable, on ne pouvait en ajouter d'autres à l'é-
ude desquelles le Gouvernement conviait les
uissances intéressées, puisque le Vice-Roi avait
it « *donnons des garanties même superflues,* »
t qu'au surplus la Commission constate elle-même

que Nubar-Pacha en avait offert depuis sa nc de nouvelles et de très importantes, par exemp la majorité donnée à l'élément européen dans composition du tribunal.

Cet examen, ce contrôle n'est pas fait dans rapport. La Commission oppose une fin de n recevoir. Elle explique que le Vice-Roi est souv rain absolu en Egypte, et qu'il n'est pas possible d lors « d'attendre un fonctionnement satisfaisa d'une justice placée sous une telle dépendance.

Elle ajoute que comme propriétaire, agricultei il a des intérêts privés considérables dans le pa et que les Européens seront exposés à le renco trer dans presque tous les procès.

Sincèrement, cela est-il bien sérieux ?

Admettons le fait tel que le présente la Co mission, bien qu'il soit, par exemple, assez sing lier de parler du pouvoir sans limite du Vice-R quand le rapport constate qu'il a tout autour lui seize petits souverains qui lui disputent à l'ei et avec succès les droits les plus essentiels attach à la souveraineté territoriale.

N'est-il pas évident que la Commission s' placées sur le terrain de l'hypothèse, et le rapp ne revient-il pas à dire : nous ne vous rendons pas le pouvoir qui vous appartient, parce que vous en abuseriez.

Il serait impossible, dit-on, d'attendre un fonctionnement satisfaisant d'une *justice placée sous une pareille dépendance* ?

Mais le premier mot du Vice-Roi a été celui-ci :

« Le principe est la séparation complète de la « justice d'avec l'administration La justice doit « émaner du Gouvernement ET NON EN DÉPENDRE; « elle ne doit pas plus dépendre du Gouverne- « ment que des Consulats.

En sorte que la question était posée comme ceci par le Vice-Roi lui-même : trouver un ensemble de garanties telles que la justice soit indépendante, et que le Vice-Roi, si intéressé qu'on le suppose dans les procès, ne puisse exercer aucune pression sur les magistrats.

La Commission n'a pas même abordé cette question. Elle s'est bornée à montrer l'obstacle dont elle exagère l'importance, sans chercher à le franchir.

Il fallut cependant bien indiquer un remède au fâcheux état de choses signalé.

La Commission sans se faire illusion sur son efficacité ne trouve que celui-ci :

Déclarer valable la clause compromissoire laquelle, en contractant, les parties se soumettraie au tribunal local constitué comme le Vice-Ro propose. On arriverait ainsi, quelquefois au moi à avoir un tribunal unique et connu d'avance.

Il faut avouer que ce n'est pas heureusem trouvé.

D'abord, pour que le remède soit utile, il f supposer que le tribunal présentera des chances bonne justice, et alors pourquoi ne pas générali sa compétence ?

Ensuite, le remède était impossible dans tou les transactions sans contrat écrit (ce qui est le le plus fréquent, la plupart des affaires étant co merciales), dans le cas de tiers survenant en cau d'obligations à raison de quasi-délits, d'effets commerce qui sont peu susceptibles naturellem de comporter la clause compromissoire, d'affai de banque qui sont dans le même cas, de tiers-d tenteurs d'immeubles, etc. etc.

Il y a au surplus une considération capitale fait voir combien la Commission s'est peu ren compte de la situation et du remède qu'elle pro sait :

On a vu que le seul motif qu'elle met en avant pour refuser de constituer un tribunal égyptien unique, c'est le pouvoir absolu du Vice-Roi et les graves intérêts privés qu'il a en Egypte, soit comme chef du Gouvernement, soit à titre privé.

Voyez en effet le raisonnement : les inconvénients du système actuel sont considérables et certains ; le remède proposé par le Gouvernement Egyptien serait évidemment efficace.

Mais la commission le déclare impossible parce que l'influence du Vice-Roi est à craindre.

Le seul palliatif qu'elle indique c'est de déclarer valable la clause compromissoire.

Eh bien ! il est un cas ou l'Européen traitera toujours par contrat écrit, c'est quand il traitera avec le Gouvernement ou le Vice-Roi, cela est évident à raison de la nature et de l'importance des conventions.

Or, il est de la dernière évidence que, dans ces cas, on ne manquera pas de lui imposer la clause compromissoire, ce sera la condition *sine quâ non* du traité.

En sorte que la Commission aboutit à ceci, que dans les procès entre particuliers où le Vice-Roi n'a rien à voir, la même anarchie continuera à régner, et que, toutes les fois que les Européens auront des contestations avec le Vice-Roi, i devraient plaider contre lui devant le tribunal no veau, tribunal pour lequel on craint uniquemer son influence.

Pour tout dire, ajoutons que la Commissio accorde au tribunal local compétence exclusiv dans les questions de loyer, c'est-à-dire, au prof uniquement des Indigènes, seuls propriétaires o à peu près; elle lui accorde aussi la juridictio pénale en matière de contravention de police.

Voilà ce rapport de 1867 sur lequel nous avon cru qu'il convenait de nous étendre, peut-être a delà de ce qui était nécessaire, parce qu'il étai utile de faire connaître les raisons pour et contre et que c'est le seul document que peuvent invoque ceux qui combattent les projets du Gouvernemen Egyptien.

Car à partir de ce moment et dans le long exame qui a suivi, toutes les Puissances intéressée ont toujours été d'accord avec l'Egypte, sur l nécessité d'une réforme et sur l'étendue qu'i fallait lui donner.

Il faut dire, du reste, à la décharge de la Com mission de 1867, que son examen n'a pas été contradictoire, qu'elle n'a pu être éclairée à temps sur les points où elle faisait évidemment fausse route, et que, plus tard, quand la question a été instruite sérieusement, après discussion contradictoire sur les lieux mêmes, par les personnes les plus compétentes et les plus intéressées, ainsi que nous le verrons, une autre commission, composée en partie des mêmes membres (M. Duvergier et deux magistrats : MM. Feraud-Giraud et de Saudbreuil) est revenue entièrement sur ses appréciations et ses conclusions et a adopté, au moins sur les points qui lui étaient soumis, les propositions qui sont aujourd'hui comprises au règlement d'organisation que l'Egypte se propose de mettre en pratique.

Le Gouvernement Egyptien ne s'arrêta pas devant la fin de non-recevoir opposée par la Commission de 1867.

Il insista pour un examen contradictoire auquel toutes les grandes puissances seraient conviées.

Après de longues négociations dont le détail serait aujourd'hui sans intérêt, il obtint que cet examen aurait lieu.

Cependant, l'Angleterre avait fait connaître dans quel esprit elle aborderait la discussion.

Voici ce qu'écrivait Lord Stanley, secrétaire d'état au foreign-office dans sa lettre du 18 octobre 1867 au colonel Stanton, Consul général d'Angleterre :

« Le gouvernement de Sa Majesté est convaincu que le système qui prévaut actuellement en Egypte pour la solution des procès qui surviennent entre les étrangers d'un côté, et le gouvernement et les indigènes de l'autre, *est préjudiciable à toutes les parties* ET N'EST AUTORISÉ CERTAINEMENT PAR AUCUN ENGAGEMENT DE TRAITÉ.....

Le gouvernement de Sa Majesté est d'opinion que l'on doit tendre principalement à obtenir des résultats pratiques quand même ils ne seraient pas parfaitement d'accord avec la vérité théorique...

Le gouvernement anglais s'attachera plutôt à ce qu'on satisfasse aux besoins d'une justice naturelle et aux moyens, quelle que soit la source d'où ils dérivent, par lesquels il pourrait être pourvu à ces besoins.

Il paraît au gouvernement de Sa Majesté que la base de laquelle on pourrait d'abord procéder avec la plus grande sûreté, et pour arriver aux résultats le plus promptement possible, serait d'adapter *aux circonstances actuellement faussées* les principes établis dans les anciennes Capitulations et *à la dérogation desquels sont dus, en grande partie les maux dont on se plaint si justement.*

» Ces Capitulations ont été, il est vrai, établies sous un état de choses tout différent de celui qui existe actuellement et leur objet était de garantir les étrangers de la violation arbitraire et des exactions provenant des autorités locales ; mais, quoique réservant d'une manière exclusive à des tribunaux extra-territoriaux l'arrangement des questions civiles et criminelles dans lesquelles *des étrangers seuls* étaient intéressés, LES CAPITULATIONS N'ONT JAMAIS PRÉTENDU *priver le gouvernement local de juridiction sur les étrangers* en toutes matières, soit civile, soit criminelle, *pour lesquelles* ILS SE TROUVAIENT EN COLLISION AVEC LES LOIS DU SOUVERAIN TERRITORIAL. Elles réservaient pourtant aux étrangers, comme protection contre l'arbitraire des tribunaux locaux, un certain droit de concours ou de surveillance qui pût agir *comme un frein* contre les abus. Dans le cours du temps, *ce frein, spécialement en Égypte,* EST DEVENU LE GRAND ABUS.

» Par degrès, l'autorité des tribunaux locaux A ÉTÉ USURPÉE ou *mise de côté* par LES EMPIÉTEMENTS d'une juridiction extra-territoriale.

» Voilà l'état de choses auquel le Gouvernement Égyptien désire porter remède, et ce gouvernement ne peut pas être plus disposé à faire cette entreprise que ne l'est, à le seconder, le gouvernement de Sa Majesté.....

» Le gouvernement de Sa Majesté *n'a certainement aucune disposition* à maintenir UNE JURIDICTION A LAQUELLE LES TRAITÉS NE LUI DONNENT AUCUN DROIT, QU'IL RECONNAIT ÊTRE UNE USURPATION amenée, il est vrai, par la force des circonstances, et qu'il considère *comme une usurpation* aussi nuisible aux intérêts de la Grande-Bretagne que dérogatoire au caractère et au bien-être de l'administration Égyptienne.

Voilà le langage de l'Angleterre qui ne peut pas être soupçonnée d'abandonner légèrement les intérêts fort considérables de ses nationaux en Egypte.

De son côté, la France, dans la préoccupation

fort naturelle, du reste, des conclusions de la Commission de 1867, ne consentit à la réunion d'u Commission internationale qu'à la condition q l'avis de cette Commission ne serait que consu tatif, et que l'enquête serait faite en prenant po base le rapport de la Commission française (1).

Ce point a son importance, car, à raison du poi de départ accepté par tout le monde, on peut êt convaincu que la Commission internationale n'a à se dissimuler aucune objection.

Il fut donc convenu qu'une commission à l quelle seraient représentés l'Allemagne du Nor l'Angleterre, l'Autriche-Hongrie, les Etats-Un la France, l'Italie et la Russie, serait réunie Caire pour examiner « l'état actuel de l'organisati judiciaire en Egypte, et les améliorations c pourraient y être apportées. »

Les Puissances nommèrent, pour les représe ter, leurs Consuls généraux (la France toutef était représentée par M. Tricou, Consul géra

(1) Dépêche du Ministre des Affaires étrangères aux Amb sadeurs de France, à Londres, Vienne, Berlin, St-Pétersbo et Florence, du 14 Avril 1869, et instructions des Affaires étr gères aux Consuls de France à Alexandrie, du 6 octobre 18

le Consulat général en l'absence du titulaire). De plus, l'Angleterre avait adjoint à son consul général Sir Philip Francis, ancien juge à la Cour consulaire d'Alexandrie, la France, M. Piétri, consul-juge à Alexandrie, l'Italie, M. Giaccone, conseiller à la Cour de Brescia, ancien consul-juge à Alexandrie, l'Autriche-Hongrie, M. le Baron de Vesque de Putlingen, conseiller aulique, et la Russie, M. Obermüller, vice-consul à Alexandrie.

Nous signalons la composition de la Commission parce qu'on peut voir qu'aucun des Commissaires ne pouvait être soupçonné d'être porté à laisser réduire l'étendue des attributions consulaires, que tous, ils étaient placés de manière à être parfaitement éclairés sur la situation réelle des choses, sur la possibilité d'une réforme sérieuse et sur l'efficacité des garanties proposées, et enfin parce que, sauf un membre, M. de Vesque, ils se trouvaient être précisément les créateurs et les fauteurs des abus dont se plaignait le Gouvernement Egyptien.

La Commission se réunit au Caire le 18 octobre 1869 et, après trois mois de travail environ, elle signa son rapport le 17 janvier 1870.

Dès les premières séances on put apercevoir que

quelques-uns des Commissaires, trop imbus des idées qui étaient la conséquence inévitable de leurs fonctions consulaires, arrivaient avec des intentions assez restrictives, et leurs premières communications étaient loin de faire prévoir qu'ils se rallieraient tous sans exception à une opinion aussi unanime et aussi radicale que celle qu'ils ont consignée dans leur rapport collectif.

Ainsi, dès le début, on les voit chercher le moyen de ne pas se prononcer, et discuter, par exemple, avant tout examen, la question de savoir si la Commission devra ou non conclure ou faire un rapport commun. Il y en a même qui vont jusqu'à émettre l'avis que la Commission n'a pas le pouvoir de voter sur les propositions qui lui sont soumises par le Gouvernement.

On les voit encore, dans les premières séances, opposer des raisons dilatoires et des fins de non-recevoir.

Il faut, disent-ils, examiner d'abord l'étendue des inconvénients signalés par le Gouvernement Egyptien, puis leurs causes; sans cela, il n'y a pas même lieu d'examiner l'utilité d'une réforme.

« Des médecins, objecte l'un deux, veulent et doivent « interroger le malade sur son état et examiner sa maladie, « avant de dire par quels moyens on peut le guérir.» (*Procès verbaux, page 22.*)

D'autres invoquent les Capitulations pour refuser même l'examen de certaines réformes.

Toutes ces objections préliminaires, qui semblaient présager un défaut absolu d'entente, disparaissent dès que le Ministre Egyptien précise les questions et demande à chacun une réponse catégorique et motivée. Aussi il est assez curieux que ceux-là même des Commissaires qui avaient le plus insisté pour discuter préalablement l'étendue des inconvénients du système actuel ne font pas même une observation, lorsque Nubar-Pacha s'est expliqué sur ce point ; et ce sont ses explications précisément qui se trouvent presque textuellement reproduites dans le rapport fait en commun.

Quant à l'objection tirée des Capitulations et des usages, elle disparait devant le langage très-pratique du Ministre qui, sans céder sur une seule question de principe, évite la discussion sur ce point, en expliquant fort sensément pourquoi elle est superflue :

« Que la situation actuelle, dit-il, présente des incon-
« vénients, c'est ce que personne ne conteste et ne saurait
« contester, puisque, dans l'intérêt des justiciables eux-
« mêmes, aucune des nations que vous représentez ne con-

« sentirait à reculer de quatre siècles en arrière, à revenir « aux juridictions des évêques, des barons, des seigneurs de « la féodalité, à substituer, en un mot, à l'unité titulaire des « juridictions, l'état des choses qui régit l'Administration de « la Justice en Égypte.

« Quelle est l'étendue exacte de ces inconvénients ? Par « quelles causes ont-ils été amenés ? J'avoue, pour ma part, « que, relativement au but que nous nous proposons, ces « questions me paraissent indifférentes. J'en dirai autant « de la question de savoir si les usages qui se sont introduits « en Egypte, en dehors du texte des Capitulations, font « partie de ces mêmes Capitulations. Aussi je n'entends pas « discuter cette dernière question que Messieurs les Com- « missaires du Gouvernement Italien ont simplement abordée « sans la discuter eux-mêmes ; je dirai seulement, pour ne « pas paraître passer condamnation sur leur opinion, que je « ne puis admettre leur manière de voir, que les errements « actuels ne sont pas les Capitulations, qu'ils ne sont pas le « résultat de ces traités, qu'ils n'ont pas été amenés par la « force des choses ou la nécessité...

« Que les puissances disent, si l'on veut, qu'elles tiennent « aux usages parce qu'elles les ont crus utiles à leur com- « merce et au commerce en général, qu'elles invoquent pour « les maintenir un droit de conquête ; je concevrai ce lan- « gage ; c'est le droit du plus fort, et l'Egypte n'a pas d'hési- « tation à reconnaître qu'elle n'est pas la plus forte.

« Mais tel n'est pas leur langage, et tel n'est pas celui du « Gouvernement Égyptien. Le Gouvernement Égyptien ré- « clame comme concession, justifiée par l'équité de sa cause, « par l'utilité de tous, par le besoin du progrès que l'état « actuel l'empêche de réaliser, ce qu'il croit être son droit; « et, outre les déclarations des puissances qui toutes re- « connaissent les graves inconvénients de la situation

« actuelle, votre présence au sein de la Commission prouve le « désir des puissances de chercher un remède au mal qu'elles « mêmes ont reconnu. — Ce mal est donc reconnu. » (*Procès-verbaux, page 26 et suivantes.*)

Et un peu plus loin :

« Si l'on veut soutenir que c'est la défiance contre les tri- « bunaux locaux qui a conduit les Européens à n'accepter « que la juridiction de leurs Consulats quand ils sont défen- « deurs, et que cette défiance était justifiée pour le passé, « j'y souscrirai pour ne pas entrer dans une discussion « inutile, mais je vous dirai que ces récriminations sont « sans importance, le jour où nous sommes réunis pour « chercher ensemble le remède à des inconvénients dont « personne ne conteste la gravité, quelle qu'en soit la cause.

« Que ce mal soit la conséquence de la multiplicité des « juridictions, ou bien du manque de tribunaux territoriaux, « il est clair que le remède doit se trouver dans l'institution « d'un tribunal bien composé, d'une juridiction unique, « comme dans les pays européens ; et nous sommes tous « d'accord que les tribunaux dont cette juridiction émanera, « doivent présenter des garanties sérieuses.

« Ces garanties doivent assurer une bonne composition du « Tribunal, le savoir, l'intégrité, l'indépendance des Magis- « trats, enfin l'exacte et régulière exécution des sentences « rendues.

« Vous avez vu que, d'après le projet que je vous ai pré- « senté, le Gouvernement offre ces garanties dans une « majorité européenne, dans l'obligation pour lui de choisir « les juges Européens parmi les Magistrats exerçant ou « ayant exercé, dans la publicité des débats, dans la liberté « de la défense, dans l'institution d'une Cour d'Appel, dans

« l'organisation des greffiers et des huissiers, qui dépendront « du tribunal seul et exécuteront les jugements sous sa « surveillance, sans ingérence d'aucune autorité adminis- « trative. (*Procès-verbaux, page 31.*)

Ces explications mirent fin à toute objection préliminaire et l'on entra dans l'examen des détails.

Afin de suivre utilement la discussion et de nous rendre compte de son résultat, il convient de voir successivement quelles ont été les conclusions du rapport de la Commission sur chacun des points soumis à son examen et de les rapprocher des débats auxquels ils ont pu donner lieu.

Cette marche est d'autant plus utile qu'elle fera connaître l'ensemble de l'organisation qui doit être mise en pratique, car le règlement auquel les négociations avec les puissance ont abouti n'est que la mise en œuvre ou plutôt la copie, sauf quelques modifications sans grande importance, des conclusions de la Commission internationale du Caire.

Et d'abord, au risque de rentrer dans des redites, il est bon de citer toute la partie du rapport qui énumère les vices et les inconvénients du système actuel, parce que c'est là que se trouve la justification de la réforme elle-même et que la composition de la Commission donne une valeur considérable à ses appréciations.

Il est clair, en effet, que si, en présence de ces inconvénients, les Consuls eux-mêmes sont arrivés à dire que la réforme qui les dessaisissait était nécessaire et urgente, ils y ont été amenés par une évidence invincible.

Les imperfections que le Gouvernement impute au système de juridiction existant en Egypte sont évidentes par elles-mêmes.

Il suffira de préciser ici les principales d'entre celles qui ont été reconnues par la Commission et qui sont le plus de nature à faire impression sur les esprits pratiques.

En dehors des Tribunaux locaux, il existe, en Egypte, seize ou dix-sept Consulats qui ont droit de juridiction sur leurs nationaux.

Or, dans l'état de choses actuel, la règle universellement suivie pour la compétence en matière civile et commerciale est que le défendeur doit être nécessairement cité devant son Tribunal, c'est-à-dire, l'Indigène devant le Tribunal local, et l'Étranger devant le Tribunal de son Consulat. C'est l'application absolue de la règle *actor sequitur forum rei*.

L'usage est encore que chaque Tribunal applique une législation différente, et juge d'après sa procédure spéciale.

Une première conséquence de cette manière de procéder est qu'au moment où les parties contractent, elles ne peuvent savoir devant quelle juridiction elles devront plaider, ni d'après quelles règles de droit et de procédure elles seron jugées, si elles sont amenées à faire, plus tard, apprécier pa la justice la valeur et la portée de leur convention.

Aussi, l'intérêt de chacun des contractants, pendant l durée de l'exécution de leur marché, est-il nécessairemen de chercher, dans la prévision d'un procès, à se mettre e possession de l'objet litigieux, ou de retenir les sommes qu'i peut avoir à verser, afin d'être sûr qu'étant défendeur, i sera jugé à son Consulat, devant des juges et un public qu'i connaît et qui le connaissent, et d'après sa propre législation.

En second lieu, lorsque le demandeur a devant lui plusieur adversaires de nationalité différente, il doit faire autant d procès qu'il y a de défendeurs en cause. Il en résulte souven autant de jugements contradictoires. Sans doute, les règle de l'équité sont partout les mêmes, et les principes de droi qui régissent les législations européennes se rapprochen beaucoup. Il n'en est pas moins vrai, cependant, que chacu des Tribunaux appelés à statuer sur une même affaire peut ne pas apprécier le fait et le droit de la même manière.

Une difficulté de même nature se rencontre dans les affaires où il y a lieu à recours en garantie, car le défendeur n peut appeler le garant en cause, quand il n'est pas de l même nationalité que lui.

Dans la plupart des cas aussi, le Tribunal ne peut connaître des demandes reconventionnelles, si ce n'est quelque fois par voie de compensation.

Or, précisément, tous ces cas se présentent nécessairemen dans les affaires les plus fréquentes, c'est-à-dire en matièr de lettre de change, de société, *de faillite*, de distribution d deniers saisis, de règlements de droits de gage sur les immeubles ; car dans ces sortes d'affaires, il y a toujours beaucou de parties en cause, de toutes nationalités.

Un très-grave inconvénient résulte également de ce que l'appel des sentences consulaires n'est pas jugé en Egypte.

Le demandeur qui a gagné son procès en première instance est obligé, sur l'appel de son adversaire, d'aller plaider à l'étranger, dans un pays où il ne connait personne, où il lui est difficile de se défendre, ce qui revient souvent, en fait, à un véritable deni de justice.

Il arrive fréquemment aussi que l'exécution des sentences souffre, malgré la volonté sincère qu'a le Consul de les exécuter, des difficultés insurmontables, quand, par exemple, un étranger condamné à quitter un local ou à livrer un objet litigieux remet le local ou l'objet litigieux en la possession d'un étranger d'une autre nationalité que lui.

Dans ces cas, celui qui a gagné son procès une première fois est obligé de demander à un second Tribunal consulaire un nouveau jugement, dont l'exécution peut donner lieu aux mêmes difficultés, et ainsi indéfiniment.

Les inconvénients qui viennent d'être signalés pèsent autant, et plus peut-être, sur les étrangers que sur les indigènes : ils sont de nature à éloigner les étrangers de venir en Egypte, et, sous ce rapport, le Gouvernement Egyptien est fondé à dire qu'ils portent au pays un préjudice considérable, en le privant de s'adresser aux entrepreneurs sérieux auxquels il voudrait confier ses grands travaux publics.

Mais la conséquence la plus fâcheuse, pour le Gouvernement Egyptien, qui découle de la multiciplité des juridictions est qu'il ne lui est pas possible de faire observer les lois sur les brevets d'invention, sur la propriété industrielle, sur les marques de fabrique, parce que chaque Consulat, en ces matières, appliquerait sa propre législation, et que l'industrie et la richesse du pays souffrent de cette impossibilité.

C'est ainsi que l'exercice du droit de propriété immobilière se trouve entravé, et que la propriété elle-même n peut acquérier la valeur à laquelle elle pourrait atteindr avec un bon système de juridiction.

Il faut reconnaître, en effet, que le Gouvernement ne peut en l'état, faire fonctionner une loi sur les hypothèques, parc qu'une pareille loi est inefficace si elle n'est pas appliqué par un Tribunal unique ; que, sans loi hypothécaire, l'éta blissement d'un crédit foncier est impossible ; que l'agricul ture ne peut s'aider de capitaux étrangers, et qu'elle es obligée d'emprunter, quand elle peut le faire, à un tau onéreux, parce qu'elle n'a pas le moyen de donner un gag hypothécaire assuré.

Les explications échangées dans la Commission ont mi en lumière l'incertitude qui règne nécessairement dans toute les questions qui concernent la propriété foncière et les droit réels : ainsi, une grande partie des Consuls délégués on reconnu que les Tribunaux locaux sont seuls compétents e matière immobilière ; les autres ont déclaré que, dans l pratique, et conformément à la jurisprudence de leurs cour d'appel, les Tribunaux consulaires, exercent un droit de ju ridiction en ces matières (1).

---

(1) Il s'est ouvert à ce sujet, devant la Commission un discussion qui a un grand intérêt, car elle a montré commen se sont opérés ces empiétements consulaires, que l'on appell usages, et auxquels on veut à ce titre donner une forc égale aux Capitulations, et ce, dans une matière où l compétence consulaire est une véritable monstruosité :

«S. E. Nubar-Pacha dit qu'on n'arrivera, en effet, à aucu résultat utile, car la propriété restera toujours aussi incertain si les questions immobilières dans lesquelles sont intéressé des européens seulement, doivent être juges par les Tribunau

Cet état de choses est évidemment nuisible à tous les intérêts, et ne peut disparaître que par l'unification des juridictions.

---

consulaires qui appliqueront l'un la loi française, l'autre la loi italienne, l'autre la loi anglaise ! ....

M. Stanton fait observer qu'il n'est pas douteux que les Tribunaux locaux sont seuls compétents pour statuer dans les questions immobilières entre étrangers.

M. de Lex dit que cela est vrai même entre étrangers de même nationalité.

S. E. Nubar-Pacha dit qu'il sait bien que cela est le droit naturel appliqué partout sans exception......

M. Hale dit qu'il pense comme M. Francis qu'en matière immobilière le Tribunal local est seul compétent.

M. Giaccone dit qu'il a exprimé déjà son désir de soumettre les questions immobilières comme toutes autres, entre étrangers, à un seul Tribunal, mais que la question n'est pas là. En fait, il doit dire que les questions immobilières concernant un italien défendeur sont jugées par le Tribunal consulaire d'Italie. C'est là une jurisprudence invariable.

M. Tricou dit que d'après la jurisprudence de la Cour d'Aix, le Tribunal consulaire de France est seul compétent pour statuer sur toutes les contestations immobilières.

M. Theremin partage l'idée de MM. Giaccone et Tricou...

M. Stanton demande en vertu de quelle loi le Tribunal consulaire de France juge les questions immobilières qui concernent ses nationaux.

M. Tricou dit que c'est en vertu d'un édit de 1778.

M. Stanton fait observer qu'alors les européens ne possédaient pas d'immeubles.

S. E. Nubar-Pacha dit qu'il leur était même défendu de posséder des immeubles ; que les premiers qu'ils ont eus leur ont été donnés par Méhémet-Ali, dans le but de les attirer, même les églises......

M. Piétri dit qu'il constate que *l'usage autorise les Tribunaux consulaires à juger les affaires immobilières.*

Enfin, dans un autre ordre d'idées, le système existant juridiction présente des inconvénients d'une autre natu également grave.

En fait, les Etrangers qui ont des contestations avec Gouvernement, les Administrations, les Daïras (administr tion de la fortune personnelle) du Khédive et des Prince ou quelques hauts personnages, refusent de saisir les Trib naux locaux, auxquels ils n'accordent pas de confiance ; réclamations dans ces différents cas se produisent par v diplomatique, et sont présentées par le Consul qui affir le droit de son administré, au Gouvernement qui conteste droit.

M. Stanton croit qu'on pourrait faire une exception po ces affaires.

Le Consulat d'Angleterre, dit-il, a soumis au Gouvern ment de la Reine la question de savoir si la Cour angla devait statuer, en Egypte, sur les contestations immobiliè

Les avocats du Gouvernement ont répondu que *la C était incompétente ; seulement, le Gouvernement* a ajouté *que si autres Consulats jugeaient ces questions,* NOUS POUVIONS LES JUG

M. Francis dit que lorsqu'il était juge en Egypte, il statu sur les questions immoblières mais *avec un grand doute la légitimité de sa compétence.*

S. E. Nubar-Pacha dit que c'est toujours ainsi que choses se sont passées. On dit : vous n'avez pas le dr de faire cela, mais faites-le, si les autres le font. Le Gouver nement ne peut s'y opposer, parce que *cela se passe dehors de lui,* dans l'audience où il n'a pas le droit d'entr et on lui dit ensuite que c'est un *usage qui fait partie Capitulations.*

Mon explication sur *la manière dont se sont introduits usages,* dit-il, est donc parfaitement justifiée ; je vous prie, faites connaître ces faits à vos Gouvernements qu'ils fassent cesser de pareils abus. *(Procès Verbaux, page et suivantes.)*

Il suit de là que, lorsque ce dernier paie ou fait payer l'administration ou le personnage poursuivi, ou encore, quand il accepte ou impose un arbitrage, il peut paraître obéir à une contrainte morale, aussi pénible pour celui qui l'emploie que pour celui qui la subit.

Ce n'est pas là de la justice régulière ; et le Gouvernement explique qu'en l'état des choses, il est empêché de confier à des étrangers les grands travaux publics qu'il a besoin d'entreprendre, parce qu'il sait que les moindres réclamations qu'il pourra avoir avec eux pour le règlement seront introduites par voie diplomatique, au lieu d'être débattues contradictoirement devant un Tribunal régulier.

Mais si, d'une part, le Gouvernement a le droit de se plaindre de la contrainte que lui impose ce mode de règlement, d'autre part, les réclamants, par cela seul qu'ils n'ont pas été jugés, ont le droit, même après la satisfaction obtenue, de soutenir qu'elle est insuffisante ; combien d'ailleurs n'ont pu faire aboutir des réclamations qu'une justice normale eût facilement et promptement réglées ?

Il y a en outre dans l'organisation actuelle une série d'inconvénients que le Gouvernement ne pouvait signaler, et que la Commission croit devoir relever.

Ils proviennent de ce que la justice locale est mal organisée, que l'autorité règle administrativement des affaires entre particuliers qui devraient être déférées au pouvoir judiciaire, que la procédure et la loi à appliquer ne sont pas connues, qu'enfin l'exécution des sentences éprouve des difficultés souvent insurmontables par suite de l'immixtion intempestive de l'administration.

Le Gouvernement ne méconnaît pas quelques-unes des imperfections qu'on lui signale, car, tout en expliquant les causes auxquelles il les attribue, il fait remarquer que les projets de réforme qu'il présente ont précisément pour but de les faire disparaître avec toutes celles qui ont été indiquées plus haut.

En résumé, le système actuel de juridiction, la multiplicité des Tribunaux et des législations appliquées, et le défaut d'organisation de la justice locale, offrent des inconvénients très-fâcheux et qui nuisent à tous les intérêts.

Le Gouvernement, le pays en général, les étrangers ont gravement à s'en plaindre.

Et la Commission doit déclarer qu'il lui parait nécessaire qu'une réforme sérieuse mette fin à ces imperfections.

Il est bien entendu que cette réforme ne peut être acceptée que si le système à organiser présente des garanties qui soient de nature à tranquilliser tous les intérêts, et qu'à une situation dans laquelle l'exercice des droits de chacun est entravé par des difficultés nombreuses, il faut éviter de substituer un état de choses où ces droits pourraient être méconnus et livrés à l'arbitraire, sous le couvert de la justice.

Ainsi, une réforme est nécessaire, la justice doit être réorganisée dans des conditions qui offrent toute sécurité aux justiciables.

De là, deux questions générales examinées et résolues par la Commission.

1° En quoi doit consister la Réforme ?

2° De quelles garanties faut-il entourer l'organisation nouvelle ?

Sur la première question, le Gouvernement Egyptien demandait deux choses :

1° Qu'un tribunal unique jugeant d'après des

lois uniformes, fût substitué aux dix-sept juridictions fonctionnant en Egypte d'après leur législation propre ;

2° Que ce tribunal pût faire exécuter ses sentences sans avoir à craindre l'ingérence de l'administration, soit Egyptienne, soit Consulaire.

On ne saurait trop le faire remarquer, il n'y a pas autre chose dans la Réforme Egyptienne.

Tout le reste est une question de garanties.

Sur ces deux points essentiels, voici ce que répond la Commission internationale :

Sur le premier point, la Commission ne peut méconnaître que l'institution d'une juridiction unique, présentant des garanties réelles, et appliquant une loi uniforme et connue, est précisément le remède direct et nécessaire aux inconvénients qui résultent de la multiplicité des juridictions et des législations.

Aussi, elle n'hésite pas à déclarer qu'elle est d'avis d'adopter les vues du Gouvernement Egyptien sur ce point ; c'est-à-dire de soumettre à un tribunal unique, aussi bien les contestations élevées entre étrangers et indigènes, que les contestations nées entre étrangers de nationalité différente...

Sur l'exécution des sentences, la Commission est unanimement d'avis qu'elle devait avoir lieu sans qu'aucun pouvoir administratif, consulaire ou local, puisse y mettre obstacle directement ou indirectement, et que cette exécution devait être attribuée aux nouveaux tribunaux eux-mêmes.

Seulement, la Commission a désiré que l'officier de jus chargé de l'exécution fût obligé d'avertir les Consuls du j et de l'heure de l'exécution, et ce, à peine de nullité et dommages-intérêts contre lui.

En cas d'absence du Consul, il serait passé outre à l'e cution.

Disons de suite que la question de l'exécuti des sentences donna lieu à une longue discussi qu'il est inutile de rapporter, parce que, ou qu'elle aboutit à une solution unanime, elle of très peu d'intérêt.

Quelques commissaires manifestèrent un sc pule fondé sur ce que les Capitulations de 17 n'autorisaient les officiers de justice à pénétrer da le domicile d'un français qu'après avoir préve le Consul, dans les endroits où il s'en trouvait, e n'opérer qu'en présence des délégués de ce Cons

On admettait bien que les Consuls étaient oblig de désigner leurs délégués, et on reconnaissait q refuser de le faire eût été un abus.

Cependant, tel était le respect du texte des C pitulations, qu'on hésitait à mettre les Cons dans l'impossibilité de commettre cet abus.

Voici le passage du Rapport qui a trait à ce scr pule évidemment exagéré.

Cependant sur cette dernière disposition, MM. les Commissaires Anglais et Français, se reportant au texte des Capitulations, ont demandé à en référer à leur Gouvernement, en reconnaissant toutefois combien il est indispensable que l'exécution d'une sentence ne puisse être suspendue ou retardée par l'abstention du Consul.

Quant à la constitution du tribunal unique et à sa compétence, bien que la Commission *n'hésite pas* à faire la déclaration rapportée plus haut, les procès-verbaux établissent que la résolution de soumettre à une seule juridiction les procès entre européens de nationalité différente n'a été adoptée qu'après de très-longs débats, ce qui ne l'a pas empêchée d'être unanime.

Le représentant du Gouvernement n'avait pas, dans le principe, demandé cette compétence pour les nouveaux tribunaux. Il pensait, à tort, que le Gouvernement était désintéressé sans la question.

Les commissaires Consuls n'y songeaient même pas, préoccupés, d'ailleurs, qu'ils étaient de céder le moins possible de leurs attributions.

M. Giaccone, commissaire italien, et le seul magistrat de l'ordre judiciaire qui fît partie de la Commission, se rendait seul compte, avant les explications qui furent échangées depuis, des inconvénients qui résultaient, pour les européens surtout, de la multiplicité des juridictions, et ce fut lui le premier qui réclama la création d'un tribunal unique pour juger les procès entre européen de nationalité différente.

Les commissaires Français notamment se faisaient une idée si peu nette de la question, que dans une note produite par eux dans une des premières séances, ils exposent que « en restan « dans les limites de la plus rigoureuse vérité, on « peut affirmer que la multiplicité des juridictions « et par conséquent, la diversité des législation « appliquées n'offre de véritables inconvénient « que pour les Européens. »

Et que « pour les indigènes, ces diverses juri- « dictions ont inauguré une ère meilleure. »

Et, dans la même note, ils en concluent qu'il y a lieu d'accorder la juridiction unique au profit de indigènes demandeurs, qui n'ont qu'à se louer de la multiplicité des juridictions, et qu'il faut la refuser aux européens qui souffrent seuls de cette multiplicité.

Mais lorsque, plus tard, chacun des Commissaires put se rendre un compte exact de la situation la Commission n'*hésita pas*, comme elle le dit, à consacrer le principe de l'unité de juridiction dans tous les cas.

On examina cependant la question de savoir s'il ne suffirait pas de rendre la juridiction des nouveaux tribunaux facultative seulement pour les procès nés entre européens, et de valider la clause compromissoire introduite dans les contrats. — La solution de cette question, qui a été négative, n'a d'intérêt que parce que c'est là, on se le rappelle, le seul remède que la Commission de 1867 avait entrevu pour une situation dont elle ne se dissimulait pas les inconvénients.

Voici ce que dit le rapport sur ce point :

On s'est demandé si, pour tout concilier, il ne convenait pas de se borner à dire que les étrangers plaidant entre eux auraient le droit de saisir de leurs contestations les nouveaux Tribunaux, soit par avance, en insérant dans leurs conventions une clause compromissoire, soit par un accord au moment du procès.

Mais on a fait observer, ce qui a été reconnu par tous les Commissaires, que la clause compromissoire suppose qu'il y a un contrat écrit, ce qui est l'exception en matière de commerce ; que beaucoup de conventions écrites ne comportent pas cette clause, par exemple les opérations de banque, de commission, les lettres de changes, etc.

D'autre part, on ne pouvait espérer que les parties, au moment où un procès va s'entamer, pourraient s'entendre pour saisir les nouveaux Tribunaux de leurs contestations. En effet, comme les inconvénients de la multiplicité des juridictions existent surtout au préjudice du demandeur, il est clair que le défendeur refusera toujours de se soumettre à une juridiction unique, parce qu'il sera sûr ainsi d'être jugé par son Consul et d'être en mesure de fatiguer son adversaire par la longueur de la procédure et la menace d'un appel à l'étranger.

L'impossibilité d'un accord deviendra plus complète encore lorsqu'il y aura plusieurs défendeurs ; en sorte qu'on n'atteindrait que bien insuffisamment le but qu'on se propose, si l'on accordait seulement aux nouveaux Tribunaux une compétence facultative sur les contestations entre étrangers de nationalité différente.

En dehors des considérations générales et décisives qui ont amené la commission à consacrer dans tous les cas l'unité de juridiction, le rapport indique un motif tout spécial et dont il convient de dire un mot, parce que sa rédaction un peu obscure est de nature à jeter un certain doute sur sa valeur.

Il convient de signaler ici un point qui donne à la question un très-grand intérêt, et qui démontre combien il importe d'étendre la compétence de la juridiction unique aux contestations nées entre étrangers de nationalité différente.

Le Gouvernement soutient que les Tribunaux territoriaux sont seuls compétents pour statuer sur les questions immobilières ; c'est dans le but d'établir une unité complète de juridiction qu'il consent à porter les questions de cette nature devant les Tribunaux nouveaux ; mais il a déclaré qu'il ne lui serait pas possible de saisir ces Tribunaux des questions immobilières, même dans les contestations entre indigènes et étrangers, si l'unité de juridiction n'était pas admise dans les litiges entre étrangers de nationalité différente ; en sorte que, dans ce cas, la compétence du Tribunal unique serait limitée aux contestations commerciales et civiles de nature mobilière.

On pourrait croire, à première vue, que Nubar-Pacha a cherché à forcer la main à la commission. Il n'en est rien.

Voici la signification vraie des explications du Ministre :

Les questions immobilières sont jugées en Egypte par un Tribunal religieux (le Mehkémé) parce que la propriété est de droit religieux. Or, si les Consuls retiennent la connaissance des procès entre européens et peuvent élever la prétention de juger même les questions immobilières, nées entre eux, *il ne me sera pas possible*, disait-il, d'amener les cadis à se dessaisir, au profit d'un tribunal composé de chrétiens et d'étrangers, de questions immobilières qui semblent aux yeux de beaucoup d'entre eux toucher à leur foi religieuse, parce que je ne pourrai pas leur montrer qu'en échange, je donne une sécurité absolue aux droits de propriété et que je peux constituer un système d'hypothèques offrant toute garantie, et parce qu'enfin ils ne comprendront pas que je remette la solution des

questions de propriété à un tribunal dans lequ
les chrétiens ont si peu de confiance qu'ils ne l
soumettent pas toutes leurs contestations entre eu

A la question de compétence des nouveau
tribunaux se rattachaient deux déclarations fa
tes par le Ministre Egyptien.

La première était relative au Gouvernemen
aux Administrations, aux Daïras (Administra
tions de la fortune privée) du Vice-Roi et d
Princes qui devaient être soumises aux nouveau
tribunaux.

Cette déclaration, inutile en soi, avait po
but de faire cesser toute défiance à ce sujet.

La deuxième déclaration était relative au
biens *wakfs* (bien consacrés, textuellement bien
liés).

Il y a deux espèces de Wakfs ; ceux q
sont frappés de substitution au profit des membr
d'une famille, et ceux qui appartiennent à u
établissement pieux ; ces derniers dépendent d
Ministère des Wakfs.

Les premiers seront soumis à la juridictio
des nouveaux tribunaux.

Quant aux seconds, on comprend qu'il était impossible d'obliger les mosquées à se défendre devant un tribunal de chrétiens pour des biens affectés à un service religieux.

Le Gouvernement, dans son projet, avait réservé aux tribunaux religieux (Mehkémé) dans tous les cas la juridiction sur ces biens wakfs. D'accord avec lui, la commission a restreint et précisé, dans des limites convenables, l'étendue de cette juridiction exceptionnelle.

Voici ce que dit le rapport sur ce point : (Page 19. Edit. in-4°.)

« Dans le système du Gouvernement, l'étranger défendeur « à une demande en revendication intentée par un établis- « sement pieux pouvait être obligé d'aller défendre sa « propriété devant le tribunal du Mehkémeh.

« La Commission est d'avis que, dans ce cas, il est néces- « saire que l'étranger soit jugé par la nouvelle juridiction.

« Ce sera seulement quand il réclamera, contre un « établissement pieux, la propriété d'un immeuble possédé « par cet établissement, qu'il devra exceptionnellement « aller devant le Tribunal du Mehkémeh.

« Cette exception, qui n'a rien de dangereux, s'explique « par les raisons de scrupules religieux faciles à com- « prendre.

« Toutefois, comme la question de possession légale « détermine la qualité de demandeur ou de défendeur, la « Commission est d'avis qu'il est nécessaire que cette « question soit résolue par le Tribunal nouveau.

« Sur la proposition de la Commission, le Gouvernement
« admis que le seul fait de la constitution d'une hypothèqu
« sur les biens immeubles, quels que fussent le propriétair
« et le possesseur, rendrait le Tribunal nouveau compéten
« pour statuer sur toutes les conséquences de l'hypothèque.

Après avoir posé le principe de la créatio d'une juridiction unique dans les procès entr étrangers et indigènes, et entre étrangers d nationalité différente, la Commission Interna tionale a abordé l'examen des garanties don le Gouvernement Egyptien offrait d'entourer l fonctionnement des nouveaux tribunaux, et, aprè en avoir apprécié toute la valeur, elle a indiqu des garanties supplémentaires qui lui ont par indispensables.

Son rapport sur ce point contient une décla ration d'une importance considérable et qu' convient de faire connaître :

« La Commission s'empresee de reconnaître que l
« garanties offertes par le Gouvernement ont, dans leu
« ensemble, une valeur réelle, et témoignent d'un dés
« sincère d'assurer une bonne Administration de la ju
« tice.

« La Commission a cru cependant qu'elles avaient besoin « d'être complétées ; mais IL FAUT *dire que* PAS UNE SEULE « *de celles qui ont été réclamées par la majorité de la* « *Commission* N'A ÉTÉ REFUSÉE PAR LE GOUVERNEMENT. »

Qui donc était plus à même que la Commission Internationale, composée des Consuls généraux et de Consuls Juges, de déterminer les conditions dans lesquelles la nouvelle juridiction devait efficacement fonctionner et quelles garanties étaient nécessaires.

Or, aucune de ces garanties n'a été refusée par le Gouvernement.

Aucune n'a été retirée depuis.

On a même ajouté de nouvelles garanties considérables et superflues assurément. — Mais le Gouvernement avait promis des garanties même superflues.

N'est-il pas évident, en conséquence, que personne ne peut raisonnablement craindre que les nouveaux Tribunaux ne répondent pas aux espérances qu'on a fondées sur eux.

Il convient maintenant en suivant le travail de la Commission du Caire d'énumérer ces garanties, car cette énumération nous fera connaître la partie essentielle de l'organisation judiciaire qui va être donnée à l'Egypte.

Composition des Tribunaux. — Les Tribunaux de première instance, au nombre de trois (à Alexandrie, au Caire et à Zagazig) seront composés de telle sorte que, dans les Affaires où il y aura des étrangers en cause, la majorité sera assurée aux magistrats étrangers.

Ainsi les jugements des Tribunaux Civils seront rendus par cinq juges dont trois étrangers et deux indigènes.

En matière commerciale le Tribunal s'adjoindra deux assesseurs négociants, un étranger et un indigène.

Les arrêts de la Cour seront rendus par sept magistrats, quatre étrangers et trois indigènes (1).

Parmi les garanties nouvelles que la Commission a demandées et obtenues se trouve celle-ci qui est considérable, à savoir que, dans les procès

---

(1) Les nombres indiqués ici pour les magistrats du tribunal et de la Cour ont été fixés par la Commission, émendant sur ce point le projet du Gouvernement qui proposait trois juges en première instance et cinq en appel.

Nous verrons plus loin qu'à la demande du Gouvernement Français, le Gouvernement Egyptien a porté le nombre des Magistrats Européens siégeant à la Cour de quatre à cinq pour rendre les arrêts.

où un étranger sera en cause, le Tribunal et la Cour soient présidés par un vice-président étranger (1).

Quelques commissaires avaient considéré comme une garantie la création d'une Cour Suprême.

Mais sur ce point l'entente a été assez imparfaite.

Les uns voulaient que cette Cour fût un Tribunal de troisième instance.

D'autres, qu'elle fût Cour de Cassation.

D'autres, qu'elle fût Cour de Révision.

D'autres enfin, n'admettaient le pourvoi qu'au cas où il y avait un jugement et un arrêt contradictoires.

Finalement on a laissé aux Codes le soin de déterminer les attributions de cette Cour, ainsi que les conditions d'admissibilité du pourvoi et ses effets.

Le Gouvernement se déclarait prêt à tout accepter, en déclarant toutefois que dans son

---

(1) Nous verrons que plus tard le Gouvernement a admis que ce Vice-Président fût désigné par le Tribunal ou la Cour.

opinion, il valait mieux simplifier la procédure diminuer les frais.

Dans la discussion, personne n'a songé à fa remarquer que la grande utilité d'une Cour suprê était d'unifier la jurisprudence, quand plusie Cours d'appel pouvaient adopter une doctri différente sur le même point de droit, et q cette utilité disparaissait en Egypte où il devait y avoir qu'une Cour d'appel.

Disons de suite que, dans les pourparlers ont suivi, l'institution d'une Cour suprême a d paru et que le Code de procédure a déterminé règles d'après lesquelles un jugement ou un ar définitif pourrait être révisé en cas de violati des formes de procédure.

Publicité des Audiences, liberté de la défen — Aux garanties offertes de la publicité audiences et de la liberté absolue de la défen la Commission a ajouté que, devant la C d'Appel, les parties, dans leur propre intér ne pourraient se faire représenter que par avocat muni de son diplôme et admis sur le table

Elle a décidé aussi qu'outre les langues pays, les langues officielles pour la rédaction jugements et des actes seraient l'Italien et le Français.

Nomination des magistrats. — Devant la commission on a été d'accord que la nomination des magistrats devait appartenir au Gouvernement Egyptien.

Ce dernier toutefois acceptait parfaitement que, sur le choix des juges, il était utile que les Gouvernements Européens eussent un contrôle effectif, sans cependant que leur intervention fût de nature à porter atteinte à sa propre dignité.

On a admis, d'un commun accord, sur ce point, une solution fort rationnelle et qui sauvegarde tous les intérêts :

Le Gouvernement Egyptien ne pourra nommer que les personnes qui justifieront avoir obtenu l'acquiescement et l'autorisation de leurs Gouvernements.

« De plus, le Ministre Egyptien a déclaré que le Gouver-
« nement, dans son intérêt, et pour être assuré de faire un
« bon choix, s'adressera officieusement aux Ministres de
« la justice à l'étranger. »

Le Gouvernement aurait voulu que son choix fût limité à des magistrats en exercice ou d'anciens magistrats.

L'objection contre cette disposition est venue de la Commission, et, à son grand regret, le Ministre Egyptien a été obligé de reconnaître qu'elle était fondée. Voici sur ce point comment s'exprime le rapport :

« Le choix des juges, que le Gouvernement voulait d'abord « limiter aux Magistrats exerçant ou ayant exercé en « Europe, a dû être étendu à toutes les personnes qui « étaient aptes à remplir dans leurs pays des fonctions « judiciaires, parce qu'en fait, il eût été impossible de « trouver dans certains pays, en Angleterre notamment, des « magistrats pouvant ou voulant accepter des fonctions « judiciaires en Egypte. »

Prérogatives des magistrats. — Avancement ; discipline. — Les magistrats seront inamovibles, au moins pendant les cinq années d'essai.

Leur avancement ou leur passage d'un tribunal à un autre aura lieu en dehors de l'action du Gouvernement et sur l'indication du corps de la magistrature.

La Commission a réservé à la loi organique judiciaire le soin de déterminer les peines et la compétence en matière de discipline, étant bien entendu que cette compétence ne pouvait appartenir à l'autorité locale.

Greffiers.—Huissiers.—Interprètes.—Le Gouvernement avait offert d'en laisser la nomination aux Tribunaux qui auraient aussi le droit de révocation.

Voici sur ce point l'avis adopté par la commission :

« La Commission a pensé qu'il n'y avait aucun danger à « donner le droit au Gouvernement de nommer les officiers « ministériels, puisque le droit accordé au Tribunal de les « révoquer subsiste en entier.

« Cette modification aux propositions du Gouvernement « a été motivée par une considération toute pratique.

« Si le Tribunal avait dû nommer lui-même ces auxiliaires « de la justice, il lui aurait fallu attendre, pour fonctionner, « les délais nécessaires pour leur choix et leur installation. »

Il a été entendu, d'ailleurs, que les greffiers devaient « nécessairement être choisis tout « d'abord à l'étranger parmi les personnes exerçant « ou ayant exercé, ou parmi celles qui sont « aptes à remplir ces fonctions dans leur pays. »

Ce qui domine, comme on le voit, dans le système de garanties consacré par la Commission, c'est que la nomination des magistrats est contrôlée par leurs Gouvernements, au moyen de l'autorisation que ceux-ci doivent leur donner, et qu'une fois constitués, les Tribunaux fonctionneront en dehors de l'administration ; que les juges ne pourront être ni révoqués, ni déplacés, ni avancés, ni jugés par elle en matière disciplinaire; qu'il sont maîtres de l'exécution et ont seuls action sur les officiers de justice.

Le Gouvernement avait proposé d'interdire aux magistrats de recevoir aucun cadeau ou distinction honorifique.

La Commission a cru qu'il était inutile de mentionner une pareille interdiction.

Néanmoins on verra que le Gouvernement a tenu à insérer cette garantie dans son règlement d'organisation définitif.

En cet état, on comprend difficilement les défiances.

Si elles sont sincères, on ne peut les expliquer que chez ceux qui ne connaissent pas le système complet des garanties dont le fonctionnement des tribunaux sera entouré.

Il a été question, dans la Commission même, de ces défiances. Non pas qu'elle les partageât, mais elle les constatait.

Elles se comprenaient alors parce que la Commission avait refusé péremptoirement de se mettre en communication avec la Colonie, (*Séance du*

15 décembre 1869, Procès-verbaux, p. 42), et qu'elle avait décidé que ses délibérations seraient tenues secrètes.

Nubar Pacha s'expliquait ainsi sur ce point, le 29 décembre: (*Procès-verbaux,* p. 122.)

« Son Exc. NUBAR PACHA, dit qu'il est bien vrai qu'il « existe quelque défiance. Mais, ajoute-t-il, quand j'ai « interrogé ceux qui me manifestaient leur défiance, j'ai « constaté que pas un ne connaissait les détails du projet du « Gouvernement, encore moins les garanties que la Commis- « sion y a ajoutées. On se contentait de me dire : Vous vou- « lez nous faire Turcs....

« On ne connait rien de ce que veut le Gouvernement et « de ce que fait la Commission ; on vient souvent, dit Son « Excellence, me parler de la Réforme et me demander en « quoi elle consiste. Je ne peux faire connaitre le résultat « des travaux de la Commission, puisqu'il a été décidé que, « provisoirement, il n'y aurait pas de publicité. Je ne peux « répondre que d'après les anciennes idées que j'ai émises « dans les notes écrites à l'occasion de la Commission Fran- « çaise, parce que j'ai le droit de parler de cela. Or, avec ses « seules explications, il n'y a personne que je n'aie tran- « quillisé.

« J'ai toujours constaté qu'on s'effrayait parce qu'on rai- « sonnait sur de fausses bases. »

Quelle était, au surplus, la base de ces défiances?

M. de Schreiner, le doyen des Consuls généraux, l'expliquait et provoquait la réponse suivante, à laquelle rien n'a été objecté :

« M. de Screiner dit qu'il faut bien déclarer que la dé-
« fiance porte sur la sincérité avec laquelle sera exécuté tout
« ce qui aura été conclu avec les Puissances.

« Son Exc. Nubar Pacha, dit: Et pourquoi ne voulez-vous
« pas que la Réforme reçoive toute son exécution? Quelles
« causes peuvent l'empêcher.

« Je vous remercie de m'avoir mis sur ce terrain, parce
« que cela me donne l'occasion de répondre à une chose qui
« a été dite, et que j'entends se répéter encore quelquefois.
« — La réforme judiciaire sera une lettre morte, — on en a
« vu tant sur le papier qui n'ont eu aucune suite ; — celle-ci
« aura le même sort, dit-on. — Et pourquoi? Si les réformes
« dont on voulait parler sont restées lettre morte, c'est que,
« peut-être, la nécessité ne s'en faisait pas sentir ; c'est que,
« le plus souvent, l'application s'en trouvait confiée à
« des personnes incapables, ou bien à des personnes qui y
« étaient secrètement contraires. Est-ce le cas, avec la
« Réforme que propose le Gouvernement Egyptien? Cette
« Réforme n'est point sortie toute armée, comme Minerve,
« de la tête d'un Jupiter quelconque. Elle était dans l'esprit,
« dans les vœux de tous, même avant qu'elle ne fût formulée.
« M. de Martino (le Commissaire Italien), m'en a parlé au
« commencement de 1865, et, bien avant cette époque, je
« pourrais citer telles circonstances où elle a été discutée ou
« demandée ; — d'ailleurs, les opinions manifestées par toute
« la Commission, et les décisions qu'elle a déjà prises, prou-
« vent que la Réforme est appelée par tout le monde. L'ap-
« plication est-elle confiée à des personnes inintelligentes ou
« secrètement opposées ? — Non, — c'est à vous, c'est à vos

« magistrats, c'est à des gens qui n'ont aucune des passions « locales, qui ont l'intelligence voulue, et qui auront, par leur « mandat même, le devoir et le désir de la faire réussir, que « l'application est confiée. Le *Gouvernement*, vous le voyez, « soit par ce qu'il propose, soit par les amendements qu'il « accepte, *veut écarter même le soupçon d'intervenir en* « *rien du tout*. Comment donc la Réforme n'est-elle pas « sérieuse ? — *Comment peut-on douter qu'elle sera* « *exécutée ? — L'exécution n'est point au Gouvernement* ; « — elle est à des personnes indépendantes. »

(*Séance du 29 décembre. — Proc. verbaux*, p. 163.)

C'est qu'en effet, tout cela est l'évidence même ; l'exécution de ce qui aura été conclu, pour parler comme M. de Schreiner, c'est uniquement, en ce qui concerne le Gouvernement, la constitution du tribunal. Or, s'il ne le constitue pas, rien n'est changé ; s'il le constitue, il est immédiatement dessaisi, et la défiance qu'il peut inspirer n'a plus d'objet.

Seulement, on ajoutait que l'on se défierait de l'influence du Gouvernement sur les magistrats.

M. de Martino, voulant montrer qu'il s'agissait de constituer des garanties et non de s'arrêter à des défiances aveugles, disait qu'il suffisait d'être fonctionnaire pour être soupçonné, et cette discussion amenait Nubar Pacha à faire la déclaration suivante :

« Son Exc. NUBAR PACHA, dit que, s'il se rappelle ce qui « s'est passé à l'occasion des arbitrages auxquels s'est sou- « mis le Gouvernement dans plusieurs affaires, ce n'est pas « de son influence qu'il faut se défier, mais de celles des « Européens. *Dans ces affaires il a toujours vu que les* « *plaideurs étrangers s'entendaient avec les arbitres, et* « *que le Gouvernement était toujours condamné.* »

« M. de Schreiner DIT QUE CE QUE DIT NUBAR PACHA EST « TRÈS EXACT.

Cette affirmation du doyen du Corps consulaire, donnée sur les lieux, et qu'aucun des Consuls Généraux présents, bien au courant des faits, ne pouvaient songer à contredire, indique ce que valent les dangers que la Commission de 1867 voyait, pour l'indépendance des juges, dans le pouvoir absolu du Vice-Roi, et les appréciations qu'elle croyait pouvoir appuyer par une enquête faite loin du pays, c'est-à-dire dans les bureaux du Ministère des Affaires Etrangères, à Paris.

Au surplus, répétons-le, la Commission, en parlant des défiances qui existaient alors, ne les partageait pas et ne les approuvait pas ; elles les constatait précisément pour montrer qu'il importait de les apaiser en multipliant les garanties.

Il eût mieux valu les empêcher de naître en

livrant à la publicité et en faisant connaître aux intéressés ce qui se passait dans la Commission ; car bien peu de personnes se sont donné la peine de faire les études nécessaires pour revenir sur la première impression produite par le soin que prenait la Commission à tenir ses délibérations secrètes.

Quant à la Commission, elle se défie si peu, qu'elle termine ainsi son rapport sur l'examen de la portée du projet du Gouvernement qui se rapporte à la juridiction civile :

« Tel est l'ensemble des dispositions que le Gouvernement « a proposées, en matière civile et commerciale, et de celles « qui ont été suggérées par les Commissaires.

« La Commission, qui est d'avis de les adopter, croit « qu'*elles constituent le meilleur système de garanties* « *dont on puisse entourer la nouvelle juridiction.* »

Les propositions du Gouvernement Egyptien comprenaient aussi bien la Réforme en matière criminelle qu'en matière civile.

Ici les mêmes questions se posaient :

1° La Réforme de l'organisation judiciaire, en matière de répression, est-elle nécessaire ?

2° De quelles garanties doit-on environner fonctionnement des Tribunaux de répression ?

Sur le premier point, la Commission n'a hésité à reconnaître la nécessité d'une réforme.

Relativement aux garanties, la moitié du trav se trouvait déjà fait, puisque les Tribunaux cons tués pour les procès civils de manière à inspirer confiance à tous les intérêts, devaient nécessai ment avoir un rôle à jouer dans les procès crimine

Le Gouvernement proposait de leur donn l'instruction et de leur adjoindre des assesse pris dans la colonie pour les ordonnances de ren et les jugements correctionnels, et un jury pc les jugements en matière de crimes.

Il posait ensuite une série de principes relatif la liberté de la défense, à savoir :

La liberté sous caution, qui était de droit matière correctionnelle ;

L'obligation d'entendre tous les témoins produ même dans l'instruction ;

La restriction du droit d'arrestation ;

L'intervention du Tribunal pour activer l'i struction des affaires, etc., etc., etc.

C'est-à-dire qu'il s'est efforcé de ne pas sous silence aucune des règles tutélaires de défense qui ont été consacrées par le droit moderne.

La Commission a pris acte de ces garanties ; elle a cru devoir ajouter toutefois que, pour les apprécier, il était nécessaire de connaître les dispositions précises du code pénal et du code d'instruction criminelle.

C'était peut-être un excès de modestie, car il est clair que la Commission aurait pu poser les principes essentiels dont les codes auraient dû n'être que l'application.

Mais au surplus ces codes sont faits et nous verrons qu'ils ont été, en matière criminelle, contrôlés et amendés d'une manière très sérieuse.

La discussion qui a eu lieu dans la Commission sur les points que nous venons d'indiquer offre un grand intérêt, à raison de certaines appréciations qui se sont fait jour, et de la situation personnelle de ceux de qui ces appréciations émanaient.

Voici, du reste, les passages les plus saillants de cette discussion :

« M. De Schreiner (Autriche), croit que la réforme en « matière *pénale* est *plus dans l'intérêt des européens* « que la réforme en matière *civile*. Si l'on adopte le juge-« ment par le jury, les garanties seront encore augmentées.

(Proc.-verb. p. 154.)

« M. Hale (Etats-Unis), est d'avis que c'est *surtout* « *matière criminelle* que l'unification de juridiction « nécessaire. » (*Proc.-verb. p. 156.*)

M. Giaccone, ancien Consul-Juge, et actuel ment Conseiller à la Cour de Brescia, est au formel que les autres Consuls mais, en outre, déduit ses raisons de décider en jurisconsulte et homme pratique :

« Les Commissaires italiens, dit-il, sont d'avis, com « les Commissaires autrichiens, que la Réforme est p « *urgente* en matière *pénale* qu'en matière civile, n « attendu son urgence, ils ne sont pas, comme eux, d'a « qu'on puisse la différer.

« Pour une bonne administration de la justice pénale, « doit se proposer un double but.

« Sauvegarder la société au moyen d'une répress « prompte et exemplaire.

« Donner aux intérêts de la victime une juste sa « faction.

« *On n'obtient pas, en Egypte, ce double but ave* « *système existant.*

« Les coupables sont emmenés au dehors, ils sont ju « au milieu d'une société qu'ils n'ont point outragée, ils « sont point frappés et ne subissent pas leur peine en Egyp « on peut-être assuré que c'est là une des causes de la « quence des crimes.

« D'un autre côté, il n'est pas donné satisfaction suffisa « à la partie offensée.

« On croit généralement, en effet, que, lorsqu'on envoie « les accusés au dehors, on les fait partir pour les sous- « traire à toute peine. » (*Proc.-verb., p. 158.*)

C'est aussi dans l'intérêt de l'accusé que M. Giaccone demande que le système de juridiction actuel soit abandonné :

« Mais il faut aller plus loin, dit-il, à un autre point « de vue, c'est-à-dire *au point de vue des intérêts de « l'accusé, le système actuel manque de garanties.*

« Le Consul doit faire une procédure écrite, et il « l'envoie avec l'accusé au Tribunal qui doit le juger.

« Or, en Europe, l'instruction écrite a partout été « condamnée. » *(Proc.-verb, p. 159.)*

M. Giaccone explique ensuite que les Cours appelées à juger les européens pour crimes, jugent loin des lieux, loin des personnes qui connaissent l'accusé, et sans témoins, parce qu'il est impossible, pour bien des motifs, et notamment à cause des frais, d'envoyer des témoins à l'étranger.

Le Consul est Ministère public, juge d'instruction, président de la Chambre du Conseil, président du Tribunal qui prononce la condamnation correctionnelle.

M. Pietri (France) crut devoir défendr procédure suivie en matière des crimes com par des français ;

« M. Pietri dit, pour répondre à un point des obse « tions de M. Giaccone, que la justice en matière « crimes commis en Egypte par des français, est « rapide, et que la loi de 1836 donne toutes les gara « désirables (1).

« M. Giaccone demande si le Consulat envoie les tém « à Aix.

« M. Pietri dit que la *loi* de 1836 *prévoit le* « où les témoins *peuvent être* envoyés. » (*Proc-ve* page 162.)

Ce n'était pas répondre. En fait envoie-t les témoins ? Non, jamais. — Une seule fois, d une affaire qui intéressait la Compagnie du Ca de Suez, on a entendu des témoins parce la Compagnie avait cru utile à ses intérêts faire venir à ses frais en France les témoin charge.

M. De Schreiner fournit encore d'autres mo pour établir l'urgence d'une réforme en mati

---

(1) Jugement sans jurés, sans témoins, loin du lieu du cr et du domicile de l'accusé et sur pièces !!

criminelle à savoir la fréquence des crimes des européens et l'impunité de beaucoup d'entre eux.

Ses explications sont assurément de nature à modifier l'opinion que bien des personnes se font en Europe des mœurs des Egyptiens, qui ne sont rien moins que fanatiques et violents.

« M. De Schreiner dit qu'on a à regretter *trop peu* « *de sévérité pour les crimes commis par les natio-* « *naux de certaines Colonies.*

« M. Stanton dit que cette observation ne soulève aucun « opposition.

« M. De Martino dit qu'on n'aurait pas l'occasion de « la faire *si la justice répressive était organisée.* » (*Proc.-verb.*, page 162.)

Plus loin, M. De Schreiner revient sur la même idée ;

« En matière de crime, on ne peut pas diviser ; si « on n'a pas unifié la juridiction pénale pour les crimes « commis entre européens, on n'aura rien fait, *car ce qui* « *est* INTOLÉRABLE, *c'est* L'IMPUNITÉ *qui existe pour cer-* « *taines nationalités.*

« Ainsi les crimes des *indigènes* contre les Européens, « sont *très-rares.*

« M. De Martino dit que cela peut arriver.

« M. Giaccone dit que c'est *très-rare.*

« M. Tricou dit également que c'est *très-rare* en effet.

« M. De Schreiner dit qu'il y a lieu de parler des crimes

« commis par les Européens contre des indigènes, m
« la réforme est surtout nécessaire pour les crimes com
« par un Européen sur un autre Européen. » *(Proc verb. p. 167.)*

Il y a une considération très-grave et très- ju sur laquelle M. Giaccone revient à plusieurs prises, c'est que la réforme civile devait entrai comme conséquence la réforme en matière crin nelle.

« M. GIACCONE continuant, dit que la réforme de la j
« tice civile est impossible à réaliser, si on ne réforme
« *en même temps* la justice pénale.
« Ainsi quand les nouveaux Tribunaux seront en exe
« ce, il est possible qu'un délit se commette à l'audien
« que ce délit atteigne même les magistrats sur leur siè
« il leur sera très-pénible de ne pas pouvoir faire, eux-mê
« respecter leur dignité. » *(Proc. Verb. p. 161.)*

Et plus loin :

« M. GIACCONE dit que ce qui est de la compétence de
« Commission et ce que veulent faire les commissaires i
« liens, c'est d'apporter des réformes au moyen de la just
« c'est de confier l'instruction et la répression au nouv
« corps de Magistrats.
« La police aura de la force quand elle se saura surveil
« guidée et soutenue par un Tribunal dans lequel la po
« lation aura confiance.

« Il est nécessaire d'introduire la réforme pénale *en même* « *temps* que la réforme civile, sans quoi il y aurait *conflit* « entre le Corps de la Magistrature, chargé de la juridiction « civile et les Consuls, chargés de la juridiction criminelle.

« Entre deux corps aussi importants, sans cesse en con- « tact sur un même terrain où leurs attributions se limite- « raient nécessairement, il se produirait un *antagonisme* « *inévitable.* » *(Proc. verb., p. 177.)*

C'est un magistrat qui parle.

C'était dans le même ordre d'idées, à savoir celui de la nécessité de faire marcher les deux réformes simultanément que M. Giaccone répondait ceci à ceux qui voulaient attendre l'expérience des Tribunaux civils avant de constituer la juridiction criminelle :

« Quand on parle de la nécessité d'une expérience et de « ses résultats, on ne réfléchit pas que l'expérience des « Tribunaux civils ne prouvera rien en matière criminelle.

« Le jugement ne dépend pas des mêmes éléments; ici se « sont les magistrats qui statuent; en matière criminelle, « ce sera le jury.

« Les Tribunaux civils pourraient très-bien fonctionner, « et le jury ne pas donner d'aussi bons résultats, et réci- « proquement.

« Il ne faut pas confondre la réforme en elle-même avec « les moyens de la mettre en pratique.

« Si la réforme est urgente, il faut la vouloir immédiate-

« ment et l'introduire avec les moyens qui semblent les
« meilleurs.

« Si l'expérience prouve que ces moyens sont défectueux
« il y aura lieu de les modifier, voilà tout.

(*Proc. verb., p. 180.*)

La question des garanties a été examinée ensuite au moins, ainsi que nous l'avons dit, à un point de vue général.

Voici sur ce point les observations les plus importantes qui se sont produites :

« M. Giaccone dit : le Gouvernement offre en cette ma-
« tière autant de garanties qu'on en peut désirer, car quell
« plus grande garantie peut-on offrir que de confier l'admi-
« nistration de la justice aux européens eux-mêmes, qu
« seraient appelés à composer la liste des jurés ?

« On pourrait demander plutôt s'ils ont les qualités néces-
« saires, l'intelligence, la moralité, l'indépendance, la pra-
« tique, le courage civil qu'il faut pour rendre la justice e
« matière pénale.

« Or, les notables, dont les jurés seraient tirés, on
« assurément *l'intelligence* plus ouverte et plus prompt
« que la moyenne de ceux qui sont appelés à composer l
« jury en Europe.

« Cela est dû aux rapports incessants qu'ils ont avec de
« personnes de mœurs et d'habitudes diverses, à leur
« voyages et au grand échange d'idées qui en résulte pou
« eux.

« Ils ont d'ailleurs la *moralité* nécessaire pour cela.

« Il est bien entendu qu'on choisira les jurés parmi les « notables qui ont une position acquise et offrant des ga- « ranties. Ce sont ceux qui ont le plus d'intérêt à sauve- « garder la tranquilité publique (1).

« M. Giaccone fait remarquer que les notables européens « ont déjà la *pratique* des affaires pénales, et il affirme « qu'ils ont le *courage civil* qu'il faut pour rendre une bonne « justice : ainsi, dans les Tribunaux consulaires, au Consulat « d'Italie, par exemple, le juge est assisté de notables « assesseurs, qui ont la majorité dans le jugement, et qui « peuvent prononcer des peines assez graves qui vont, dans « certains cas exceptionnels, jusqu'à 10 années d'emprison- « noment.

« M. Giaccone a eu à juger des procès correctionnels « dans lesquels les passions étaient très-surexcitées, et les « notables assesseurs ont statué avec une grande force de « caractère.

« Au surplus, la preuve est faite puisqu'il y a des jurés à « la Cour anglaise. Sans doute, on doit avoir une grande « estime pour la colonie anglaise, mais il est certain que les « autres colonies sont aussi bien partagées que la colonie « anglaise sous le rapport de la valeur de leurs citoyens.

« Rien ne s'oppose donc à la possibilité de la réforme, « et les Commissaires italiens insistent pour soutenir *qu'elle « est bien plus urgente en matière de répression qu'en « matière civile.*

« La vie est plus précieuse que les intérêts. *(Proc. verb., p. 160.)*

On ne peut méconnaître la valeur de ces appréciations.

---

(1) D'après le règlement, ce sont les Consuls qui dressent la liste des jurés.

Elles ont été au surplus consacrées par l'unanimité de la Commission, les dissidences, sans aucune importance d'ailleurs, ne s'étant élevées que sur des points accessoires.

Au surplus, la gravité de la question autorise à citer ici dans son entier toute la partie du rappor de la Commission qui a trait à la réforme en matière criminelle.

§ Ier. — *Exposé et appréciation des griefs soulevés par le Gouvernement.*

Le Gouvernement a exposé que, dans l'état actuel des choses, son action était nulle en matière de police, quand il s'agissait d'infractions graves ou légères commises par des étrangers, et que, responsable de la tranquillité publique, il n'avait aucun moyen de se décharger de sa responsabilité, que sa police était désarmée, qu'elle était plutôt la police des différents Consulats que la sienne, et que, malgré cela sa responsabilité lui incombait toujours ; que lorsqu'un crime est commis, la police doit demander l'autorisation d'arrêter le coupable étranger, à moins qu'il n'y ait flagrant délit ; — que le coupable arrêté, l'instruction était faite par le Consul, et l'accusé envoyé loin du pays que son crime avait troublé ; — qu'il arrivait souvent de voir des criminels avérés aller et venir en liberté, au vu et au su de tout le monde ; — que, cette situation était décourageante pour l'administration, qu'elle était dangereuse pour tous, que les indigènes avaient la conviction que, lorsqu'un étranger est renvoyé dans son pays pour être jugé, c'est qu'on l'expulse pour le soustraire au châtiment ; que la colonie européenne elle-même est alarmée de cet état de choses.

La Commission n'a pas pu méconnaître les inconvénients graves que présentait l'organisation judiciaire de l'Egypte en matière pénale.

Il résulte de l'ensemble de ses impressions qu'en présence de la multiplicité des juridictions, il n'y a pas de sûreté dans la répression ; que des *criminels avérés* jouissent de *l'impunité*, et que la peine n'est ni prompte ni exemplaire.

Pour quelques-uns des commissaires, les intérêts des *étrangers* sont *plus gravement compromis* par l'état actuel des choses en matière criminelle qu'en matière civile.

MM. les Commissaires italiens et de la Confédération de l'Allemagne du Nord ont signalé le danger qu'il y avait, soit pour la société, soit pour l'accusé de faire juger celui-ci loin du lieu du crime, et sur une instruction écrite. Les premiers ont affirmé aussi, ce qui n'a été contesté par aucun des commissaires, que les notables de la colonie avaient toutes les qualités requises pour faire de bons jurés, et ont donné pour preuve ce qui se passait devant la Cour britannique, à Alexandrie, qui jugeait en matière de crime avec l'assistance d'un jury.

Il faut constater toutefois que MM. les commissaires français ont tenu à dire que, devant le Consulat de France, la procédure, en matière de crimes et délits, était rapide et sûre, et que la loi de 1836 permettait, dans certains cas, l'instruction orale devant la Cour d'Aix, pour le jugement des crimes commis dans le Levant.

§ II.- *Réformes proposées par le Gouvernement Egyptien* *Appréciation de la Commission.*

Le Gouvernement propose de confier aux nouveaux Tribunaux la répression des simples contraventions, et l'instruction des crimes et délits commis en Egypte par toute personnes indigènes et étrangères.

Il propose en second lieu de déférer l'appréciation de ce crimes et délits à un jury, sur le verdict duquel le Tribuna et la Cour, suivant les cas, prononceraient les peines.

La Commission a été unanimement d'avis que la répressio des contraventions devait être accordée aux nouveaux Tribunaux, sauf à réserver aux Consuls seuls l'examen de contraventions commises par leurs nationaux à leur propres arrêtés.

Elle a été également *d'avis unanime* que l'inconvénien du système actuel se trouvant dans l'inégalité de la répression et dans son peu de sûreté, le *remède direct et nécessaire* se trouvait précisément dans la constitution d'un *justice unique* appliquant *une loi égale* pour tous.

La Commission a pensé qu'il était désirable que la réform pénale fût introduite *contemporainement* avec la réform civile.

Cependant un de MM. les Commissaires autrichiens e MM. les Commissaires français ont émis l'opinion qu'il conviendrait d'attendre l'expérience à faire des nouveaux Tribunaux en matière civile et commerciale, avant de leu donner compétence en matière de répression, et MM. le Commissaires français ont ajouté, du reste, que la questio touchait aux Capitulations.

MM. les Commissaires pour l'Angleterre et la Confédération de l'Allemagne du Nord, tout en étant d'opinion que l question touchait aux Capitulations, ont cru que sa gravité les obligeait à faire connaître aux Puissances la nécessité d'une réforme.

En cet état, et comme terme de conciliation, il a été proposé par MM. les Commissaires anglais de dire que la réforme en matière criminelle entrerait en pratique un an après l'installation des Tribunaux en matière civile et commerciale, sauf bien entendu l'examen des garanties nécessaires.

Sans repousser absolument ce moyen terme, la plupart des Commissaires ont été d'opinion que l'expérience à faire des Tribunaux civils ne prouverait rien en matière pénale, puisque la base du système de la répression reposerait principalement sur l'instruction du jury ; qu'il y avait un danger à créer un *certain antagonisme entre le corps de la Magistrature et les Consulats appelés à juger les mêmes personnes*, les uns en matière civile, les autres en matière pénale, *antagonisme qui serait presque inévitable* dans les cas de délits commis CONTRE LES NOUVEAUX TRIBUNAUX eux-mêmes, ou à cause de L'EXÉCUTION DE LEURS SENTENCES.

§ III. — *Garanties offertes par le Gouvernement.*

Le Gouvernement a offert un certain nombre de garanties qu'il suffira de résumer en quelques mots :

Les infractions à la loi pénale seraient déférées aux Tribunaux qui auront eux-mêmes le droit d'ordonner des poursuites.

La police ne pourrait arrêter, et le ministère public décerner un mandat d'arrêt, que dans le cas de flagrant délit, de clameur publique, etc.

L'individu arrêté devrait être déféré au juge d'instruction dans les 24 heures.

Les parties et l'inculpé auraient toujours le droit de produire leurs témoins, soit pendant l'instruction, soit aux débats publics.

Des dispositions relatives au récolement des témoignages, à la nomination d'avocats d'office, protégeraient la défense de l'accusé.

Enfin, la principale garantie se trouverait dans la constitution même d'un jury, les inculpés étant ainsi certains d'être jugés par leurs pairs.

§ IV. — *Examen de l'efficacité des garanties offertes par le Gouvernement.*

La Commission a apprécié à leur juste valeur les garanties sérieuses que le Gouvernement a offertes.

Mais il lui a semblé que les véritables garanties ne se trouvaient pas seulement dans l'énonciation de quelques principes généraux, et qu'il fallait les chercher dans l'ensemble et les détails de la législation.

A vrai dire, chacune des règles de la procédure criminelle constitue une garantie et l'absence d'une seule peut mettre en danger la punition d'un coupable, et ce qui est plus grave, la sécurité d'un innocent.

D'un autre côté, on n'aurait rien fait en prenant toutes les précautions nécessaires pour arriver à la vérité sur les faits incriminés, si la loi pénale punissait des actes sans importance, ou n'atteignait pas des délits graves ; si encore les peines étaient en disproportion avec la culpabilité de ces actes.

Les véritables garanties doivent donc se trouver dans le code d'instruction criminelle et dans la législation pénale.

La Commission, tout en considérant comme acquises les garanties que le Gouvernement a proposées, a donc été d'avis unanime qu'elle ne pouvait se prononcer sur leur efficacité et sur celles qu'il convenait d'y ajouter avant que le Code pénal et le Code d'instruction criminelle eussent été présentés par le Gouvernement, qui a promis de le faire dans un bref délai.

Il semble inutile, en conséquence, d'examiner la valeur de quelques garanties supplémentaires qui ont été indiquées par quelques-uns des Commissaires, relativement à la composition du Jury et à l'attribution des délits au Tribunal lui-même, assisté de notables en nombre égal à celui des Juges.

En cet état, les conclusions de la Commission, sur la réforme en matière de répression, peuvent se résumer ainsi qu'il suit :

En premier lieu, la Commission est d'opinion :

1° Que les simples contraventions doivent être jugées par les nouveaux Tribunaux ou par un juge délégué par eux ;

2° Ce Juge sera étranger si l'inculpé est étranger ;

3° Il y aura lieu à appel contre les jugements qui prononceront la peine de l'emprisonnement pour une contravention.

En second lieu, et sur le surplus des propositions du Gouvernement, la majorité de la Commission a été d'avis:

1° Que *l'unité de juridiction en matière criminelle et correctionnelle* ÉTAIT NÉCESSAIRE A LA SÉCURITÉ DE TOUS LES INTÉRÊTS ;

2° Qu'elle devait être subordonnée à l'examen des garanties résultant d'une législation complète comprenant le Code pénal et le Code d'instruction criminelle ;

3° Que la réforme de la justice civile et la réforme la justice pénale devaient être *introduites en même temp* et que tout au plus il y aurait lieu de dire que juridicti pénale entrerait en fonctions après un an d'exercice du T bunal en matière civile et commerciale.

Telle est l'opinion de la Commission du Cair c'est-à-dire, des Consuls généraux sur la réforn judiciaire en matière criminelle. On voit qu'el n'est pas moins formelle que sur la question de réforme en matière civile.

Ici il convient d'ajouter que, comme derniè précaution, dont l'importance ne saurait être me connue, la Commission consigne dans son rappo qu'avant l'entrée en fonctions des Tribunaux, l lois qu'ils étaient appelés à appliquer devaie être codifiées et avoir reçu l'approbation des Pui sances; et que, pour que rien ne fût laissé au h sard, le nouveau système de juridiction ne fon tionnerait qu'à titre d'essai pendant cinq année après lesquelles les Puissances examineraie d'accord avec l'Egypte, s'il y a lieu de le modifie ou de revenir à l'ancien état des choses.

Les Codes ont été rédigés, ils ont été trouvé par les gouvernements étrangers, conformes au principes du droit moderne.

Le Gouvernement Egyptien put donc poursuivre auprès des Puissances l'approbation du projet rédigé par la Commission internationale.

Avant de donner son adhésion, le Gouvernement Français voulut consulter une nouvelle commission qu'il réunit au Ministère des Affaires Etrangères à Paris dans les premiers mois de 1868.

Cette commission composée par M. Daru, ministre des affaires étrangères qui en était président, comprenait parmi ses membres, ainsi que nous l'avons dit, trois des anciens membres sur cinq de la Commission de 1867, auxquels on avait adjoint entr'autres membres, M. Daru fils, M. de Lesseps et M. Tastu, ancien Consul Général à Alexandrie.

La Commission française de 1870 avait de plus que celle de 1867 une enquête sérieuse sous les yeux.

Son rapport fut présenté à M. le duc de Grammont qui avait succédé à M. le comte Daru au ministère des affaires étrangères.

Il débute par cette déclaration :

« En principe, la Commission reconnait que l'organisation « actuelle de la justice en Egypte, présente des *inconvé-« nients* et des *imperfections qui ne permettent* pas, « quelle que soit la difficulté de modifier l'état actuel des « choses, de *repousser* l'offre que fait le Gouvernement « Egyptien aux Puissances étrangères d'y apporter des « améliorations avec leur concours.

Après avoir posé en principe, ce qui n'a même jamais été discuté, que les Consuls continueraient à juger les procès nés entre leurs nationaux, la Commission aborda successivement les différentes améliorations adoptées par la Commission du Caire.

Nous ne mentionnerons ici que les modifications qu'elle a proposées sur chacune des dispositions du projet de cette dernière Commission.

D'après son rapport, elle ne voudrait pas que les procès entre européens de nationalité différente fussent jugés par les nouveaux Tribunaux. Elle n'en donne pas d'autres motifs que celui-ci, à savoir que cette question touche aux Capitulations et n'était pas d'ailleurs dans la misson de la Commission du Caire.

Il faut reconnaître que, en présence des inconvénients que la Commission voit et constate elle-même, comme étant le résultat immédiat de la multiplicité des juridictions, la raison qu'elle met en avant n'a pas d'autre valeur qu'une fin de non-recevoir.

La Commission écarte la création d'une Cour de révision, comme inutile pour unifier la jurisprudence, et comme compliquant la procédure.

Elle propose la création d'un Tribunal de justice de paix tenu par un magistrat délégué par le Tribunal.

Déjà, du reste, le Code de procédure avait donné satisfaction à son désir sur ces deux derniers points.

Puis la Commission, après avoir constaté que les questions d'état civil ne seraient pas soumises aux Tribunaux égyptiens, ce qui était accordé depuis longtemps, ajoutait qu'il devait en être de même des questions dont la solution impliquait une modification générale dans la condition civile, telle que la mise en faillite, par exemple.

A l'occasion de la composition des nouveaux Tribunaux, le rapport demande, ce qui est fort juste, qu'on détermine, non-seulement comme on l'avait fait, le nombre des juges qui devront siéger pour rendre le jugement, mais encore le nombre total des membres qui devront composer les Tribunaux.

Il propose les nombres suivants :

Pour les Tribunaux, sept juges en tout (quatre étrangers et trois indigènes).

Pour la Cour, quatorze juges en tout, neuf étrangers et cinq indigènes, et pour rendre les arrêts dix juges (sept étrangers et trois indigènes).

Il voudrait qu'on adjoignît six assesseurs non magistrats à la Cour et quatre aux Tribunaux, mi-partie indigènes et étrangers ; toutefois il ne leur donnerait que voix délibérative si le titulaire était présent.

Le rapport, en acceptant que la composition des nouveaux Tribunaux rendait inutile la présence du drogman, voulait cependant que cette présence fût facultative.

La Commision désirait aussi que les officiers de justice, même les premiers nommés, fussent désignés par les Tribunaux eux-mêmes avant l'installation de ces derniers.

Enfin, elle proposait d'accorder aux parties, en dehors des cas de récusation prévus par la loi, le droit de récuser péremptoirement les magistrats, comme cela se pratique en France pour le jury.

Nubar-Pacha arriva à Paris lors de la dernière réunion de la Commission.

Le ministère des affaires étrangères lui fit connaître les modifications proposées par la Commission ; et, afin de permettre une entente sur les points qui avaient motivé de la part de cette dernière quelques observations, le Ministre le mit en rapport avec M. Duvergier, M. De Lesseps et le Directeur des affaires politiques du ministère.

Dans ce comité, les solutions proposées par la Commission furent débattues.

Les plus importantes qui contenaient, comme on le voit, de nouvelles garanties très sérieuses furent acceptées par le représentant du Gouvernement Egyptien.

Les explications échangées sur les autres points qui ne présentaient point de gravité, amenèrent une entente.

Ainsi la proportion entre l'élément indigène et européen fut modifiée dans le sens du désir de la Commission, seulement le nombre des magistrats fut réduit de dix à huit (cinq étrangers et trois indigènes).

Les assesseurs non magistrats furent écartés à la Cour, ils restèrent au Tribunal de commerce, mais il leur fut donné voix délibérative et non simplement consultative.

Le droit de révocation des officiers de justice continuant à appartenir aux Tribunaux, il fut entendu que pour ne pas retarder l'installation de ces Tribunaux , les premiers nommés seraient désignés par le Gouvernement.

Le Ministre égyptien accepta aussi que le Tribunaux ne jugeraient les affaires entre Européens de nationalité différente que s'il y avait accord sur ce point entre les différentes Puissances.

Enfin, sur la question des faillites, Nubar-Pacha fit facilement comprendre que si l'on en enlevait la connaissance aux nouveaux Tribunaux, la réforme devenait une lettre morte, la faillite n'étant pas autre chose, en effet, que la sanction des engagements commerciaux.

Il resta donc comme garanties nouvelles :

La suppression de la cour de cassation,

L'institution d'une justice de paix,

L'augmentation du nombre des magistrats,

Une plus forte proportion accordée à la majorité européenne,

Et la récusation péremptoire.

Il résulta de cette entente une formule que l'on a appelé : « le projet Français. »

Il est reproduit dans le règlement définitif avec plus de précision que dans l'énoncé des garanties.

Il est, comme on le voit, l'œuvre propre de la Commission de 1870 et du Comité français.

Il faut remarquer, toutefois, qu'il subsistait un point que le Comité s'était fait scrupule de terminer, c'était la présence facultative du drogman que le représentant du Gouvernement Egyptien repoussait absolument, et à bon droit.

Il est évident, en effet, que les Consulats n'avaient pas besoin de cette faculté pour connaitre ce qui se passait dans des audiences publiques, et que la présence officielle du drogman, inutile aux intérêts des parties, constituait uniquement une injure gratuite aux Tribunaux et au Gouvernement Egyptien.

Tous les autres points étant réglés d'avance, ce seul point fut exposé au Ministre, en présence de Nubar-Pacha, par les membres du Comité.

Le Ministre donna raison à la susceptibilité légitime de ce dernier.

Le projet fut donc approuvé séance tenante.

Il a été critiqué dans ces derniers temps, non pas dans ses dispositions en elles-mêmes, ni par des motifs déterminés et discutés, mais pour une raison assez bizarre, et qui, assurément, ne pouvait dispenser de s'expliquer sur sa valeur intrinsèque :

Voici pourquoi :

Lors de l'acceptation de ce projet, M. Emile

Ollivier remplissait l'intérim du ministère des affaires étrangères.

C'est lui qui a donné son approbation.

Or, on a rappelé qu'un an avant, M. Emile Ollivier avait été commissaire du Gouvernement Egyptien près la Compagnie du Canal de Suez. On en a pris texte pour attaquer le projet, non pas en lui-même, mais en laissant supposer une complaisance excessive.

On voit à quoi se réduit la valeur d'un pareil argument.

M. Emile Ollivier n'était pour rien dans le projet ; il avait trouvé le travail tout fait par une commission instituée par le prédécesseur du titulaire. Il a terminé l'affaire comme simple affaire courante, étudiée et conclue en dehors de lui. Ajoutons que cette approbation purement verbale donnée par lui n'avait pas de valeur officielle ; et c'est le titulaire, M. de Grammont, qui a donné force et vigueur à l'acceptation du Gouvernement Français, en transmettant officiellement le projet à l'Egypte, par l'intermédiaire du Consulat général.

Et, au surplus, l'ensemble de cette négociation se terminait par l'adjonction de garanties considérables à celles que la Commission du Caire, composée des Consuls généraux, avait proposées.

Le Rapport de la Commission française de 1870 avait écarté toute la partie de la réforme relative à la juridiction criminelle.

Le projet français ne contenait aucune disposition sur cette matière.

La guerre de 1870 survint et empêcha toute espèce de négociations sur ce point.

Les pourparlers ne reprirent sérieusement que dans le cours de 1872.

Le Gouvernement Egyptien, s'appuyant sur le rapport de la Commission du Caire, persistait à demander que les crimes et délits qui n'intéressaient pas exclusivement des étrangers de même nationalité fussent déférés aux nouveaux Tribunaux.

Outre le texte des Capitulations, il invoquait un motif considérable, au moins pour lui, c'est que, responsable de la tranquillité du pays, et intéressé au premier chef à cette tranquillité, il était sans action pour la maintenir à cause de l'intervention incessante et exclusive des Consulats non-seulement dans le jugement, mais même dans l'instruction des affaires criminelles.

Il ajoutait que tout crime et délit donnant lieu à deux actions, l'action publique et l'action privée qui devaient nécessairement être portées devant deux juridictions de nationalité différente, il se produirait inévitablement, et dans chaque affaire, des contrariétés de jugement et des scandales judiciaires.

Mais devant la résistance de quelques Puissances, les pourparlers menaçaient de s'éterniser et la réalisation de la réforme en matière civile, réclamée d'urgence par tous les intérêts, se trouvait en danger d'être reculée indéfiniment.

Le Gouvernement Egyptien se résigna alors à renoncer à ce que sa demande avait d'absolu.

Mais il fit des réserves sur un point spécial et tint un langage qui ne pouvait pas ne pas être écouté.

Voici en résumé ce qu'il disait :

« On veut faire un essai du fonctionnement des nouveaux Tribunaux ; l'avenir de l'Egypte et les intérêts de toute origine représentés dans le pays dépendent de la réussite de cet essai. Il faut donc loyalement que l'essai soit fait dans des conditions telles qu'il ne contienne pas en lui-même le germe d'un insuccès certain.

« Or, il est évident que les Tribunaux ne pourront fonctionner que si la dignité des magistrats, la sécurité des officiers de justice sont garanties, si les Tribunaux peuvent assurer l'exécution de leurs sentences, et si leurs jugements ne sont pas exposés à être contrôlés et réformés par des juridictions rivales.

« Il faut donc reconnaître que la juridiction locale doit avoir le droit de statuer sur les crimes et délits commis contre les magistrats et les officiers de justice dans l'exercice ou à l'occasion de l'exercice de leurs fonctions, car il ne pouvait pas être admissible que les tribunaux ou leurs membres fùssent obligés d'aller demander à une juridiction étrangère de les faire respecter.

« La juridiction locale doit aussi être seule compétente pour juger les poursuites intentées contre les magistrats et les officiers de justice, à raison de crimes et délits qu'ils seraient accusés d'avoir commis dans l'exercice de leurs fonctions, car personne ne pourrait prétendre que ces derniers fùssent obligés de rendre compte devant un Tribunal étranger de leur conduite comme magistrats et officiers de justice.

« Enfin, il est nécessaire que les Tribunaux égyptiens soient armés de la compétence nécessaire pour réprimer les crimes et délits commis dans le but d'empêcher l'exécution des sentences qu'ils sont seuls chargés de faire exécuter ; car, à moins de réduire toute la réforme civile à une lettre morte, le plaideur qui aura obtenu une sentence contre son débiteur devant les nouveaux Tribunaux ne peut pas, si ce dernier s'oppose à l'exécution de cette sentence par la fraude ou la violence, être contraint d'aller demander justice à un tribunal étranger ou à une cour siégeant hors du pays, et qui pourrait, par sa décision, infirmer, non-seulement quant à son effet, mais même dans ses appréciations, la sentence prononcée par le Tribunal égyptien. »

Le Gouvernement rappelait d'ailleurs que la Commission internationale du Caire avait constaté que devant certains Consulats la répression n'était rien moins qu'assurée, que cette Commission, en insistant pour que la réforme en matière criminelle fût introduite en même temps que la réforme de la juridiction civile, donnait la raison décisive suivante :

« Il y avait un danger à créer un antagonisme entre le
« corps de la magistrature et les Consulats appelés à juger
« les mêmes personnes, l'un en matière *civile*, les autres en
« matière *pénale*, ANTAGONISME *qui serait presque* INÉVI-

« TABLE *dans les cas de délits commis contre* LES TRIBU-
« NAUX EUX-MÊMES, ou à cause DE L'EXÉCUTION DE LEURS
« SENTENCES. »

Ces observations devaient évidemment être prises en considération, et, en effet, il y eut accord unanime entre les Puissances qu'il devait y être fait droit.

Les Puissances convinrent, en conséquence, qu'une commission, composée des délégués de leurs représentants près la Sublime-Porte, serait réunie à Constantinople pour régler la question.

La mission des délégués discutée dans une réunion diplomatique des représentants des Puissances du 4/16 novembre 1873 fut ainsi précisée :

« Tous les Gouvernements intéressés dans la nouvelle
« réforme des Tribunaux égyptiens ayant autorisé leurs
« représentants à Constantinople à nommer des délégués à la
« Commission spéciale qui doit examiner les deux points
« formulés dans la réunion diplomatique du 4/16 novembre
« dernier, Messieurs les Délégués sont invités à s'entendre
« entre eux pour se réunir, se constituer en Commission,
« élire un Président, et procéder aux travaux qui leur in-
« combent dans les limites *strictement* définies de leur
« mandat.

« Ce mandat, ainsi qu'il a été convenu, consiste dans
« l'examen de deux points ci-après :

« 1° Les garanties dont le Gouvernement Egyptien offre « d'entourer l'exercice du droit qui serait accordé à la nou- « velle juridiction égyptienne, de connaître des crimes et « délits commis contre les magistrats et officiers de justice « dans l'exercice ou à l'occasion de l'exercice de leur fonc- « tions, et contre l'exécution des sentences, et des crimes « et délits imputés à ces magistrats et officiers de justice, « dans l'exercice de leurs fonctions ;

« 2° Dans la définition de la nature et des différentes caté- « gories de ces crimes et délits, ainsi que des peines qu'ils « entraînent. »

La Commission se réunit le 11 janvier 1873, et présenta son rapport aux Puissances le 15 février suivant.

Ce rapport a été unanime. Ses conclusions ont été acceptées par le représentant du Gouvernement Egyptien.

Elles ne sont pas autre chose que l'adoption pure et simple des dispositions qui composent *textuellement*, et à elles seules, tout le titre relatif à la matière criminelle du règlement d'organisation judiciaire, que le Gouvernement se propose de mettre en pratique.

On comprend dès lors l'importance de ce rapport qui a toute la valeur d'un *exposé des motifs* de ce règlement.

Il est superflu, en conséquence d'entrer dans

l'examen de la discussion de détail qui se produisit devant la Commission; le rapport, d'ailleurs, analyse cette discussion dans les points qui offrent quelque intérêt, et, de plus, les débats qui amenèrent l'accord unanime des délégués eut lieu dans le sein d'un comité de rédaction qui n'a pas tenu de procès-verbaux.

Nous pensons toutefois qu'il convient de dire un mot très rapide sur les idées échangées pendant les séances de la Commission, ne fût-ce que pour indiquer le point de départ et l'esprit général de cette discussion qui a finalement abouti à l'accord le plus complet sur tous les points. — Nous nous proposons ensuite de faire connaître dans leur texte les passages du rapport qui motivent les décisions de la Commission, et de compléter l'énumération des garanties acceptées ou demandées par elle, en rappelant les dispositions de la loi de procédure criminelle qui n'ont pas été relevées dans son rapport et qui forment la base de ces garanties.

Enfin, on trouvera à la fin de cet écrit le texte exact des conclusions de la Commission de Constantinople, que nous reproduisons avec les dispositions adoptées par la Commission du Caire pour la matière civile, parce que l'ensemble de ces conclusions et dispositions n'est autre précisément que le règlement d'organisation judiciaire qui doit fonctionner en Egypte.

C'est là qu'on trouvera la preuve évidente que le Gouvernement Egyptien a toujours été animé du désir sincère d'assurer une bonne justice à tous les intérêts; c'est dans la lecture attentive des dispositions de ce règlement qu'on verra la justification la plus éclatante de ces intentions droites et des études scrupuleuses et consciencieuses de ceux qui étaient chargés, au Caire et à Constantinople, de contrôler son projet de réforme et de compléter, dans les limites du possible, le système des garanties à l'abri duquel devaient fonctionner les nouveaux Tribunaux.

Dès la première séance de la Commission, Nubar-Pacha s'expliqua sur les deux points qui étaient posés aux délégués.

Sur la classification des délits, il se contenta de dire qu'il ne s'agissait que d'un simple travail de classification facile pour les jurisconsultes de la Commission.

Sur la question des garanties, il s'exprima ainsi :

Vous connaissez, Messieurs, les garanties que le Gouvernement Egyptien offre et vous avez pu les étudier et les apprécier.

Elles se trouvent d'abord dans la composition des Tribunaux, dans le mode de nomination des magistrats, les conditions de capacité qu'ils doivent remplir, l'autorisation qui leur est nécessaire, leur inamovibilité, la publicité des débats et le droit péremptoire de récusation, toutes choses qui ont été débattues, adoptées et sur lesquelles il n'y a plus lieu de revenir.

Elles se prennent encore dans les règles de procédure et de compétence édictées par le code d'instruction criminelle.

Il suffit de parcourir ce code pour voir que tous les principes sur lesquels il repose sont ceux qui ont été consacrés par les législations modernes pour garantir la sûreté de la répression, l'impartialité de l'instruction, et la liberté de la défense.

La répression sera assurée, car la plainte de la partie donne nécessairement lieu à une instruction aussi bien que la réquisition du ministère public, et l'ordre de la Cour d'appel.

L'instruction sera impartiale, car les magistrats inamovibles y participeront seuls.

Elle n'aura rien de vexatoire, car, hors des cas très restreints, il n'y aura jamais lieu en matière de délits à l'arrestation provisoire, et dans ces cas restreints la mise en liberté sous caution sera de droit, et même en matière de crime elle pourra être accordée par le Tribunal.

Il va sans dire, et il est bon de répéter cependant, que l'exécution de tout mandat de justice contre la personne de l'étranger ou à son domicile sera accompagnée des mêmes formalités que l'exécution des sentences en matière civile.

L'audition des témoins proposés par les parties en cause ne sera jamais refusée quand elle sera requise avant la clôture de l'instruction, et la citation de ces témoins sera sans frais pour le prévenu.

Enfin, cette instruction sera examinée par les juges inamovibles qui décideront d'abord si l'inculpé doit être mis en jugement.

Par surcroit de garantie, quand il s'agira de crimes, ils s'adjoindront quatre assesseurs pour prendre cette décision préliminaire.

Le débat, dans ces deux cas, sera contradictoire, et, si l'inculpé le demande, il sera public.

Lors du jugement définitif, la défense sera libre, car tous les témoins produits seront entendus.

L' examen du fait sera purement oral, les pièces de l'instruction, l'interrogatoire même ne seront pas lus à l'audience.

Les témoins seront interrogés librement par les parties elles-mêmes.

Le prévenu, qui ne sera pas obligé de s'accuser lui-même dans un interrogatoire, parlera le dernier, tant dans l'examen des témoins que dans la plaidoirie, et sa défense précèdera immédiatement la délibération, le Président n'ayant pas à faire le résumé des débats.

Le jugement sera rendu en connaissance de cause et avec impartialité, car il appartiendra, en matière de délits, à un tribunal composé de trois magistrats inamovibles et de quatre assesseurs.

En matière de crimes l'appréciation du fait sera réservé à un jury dont la composition a été indiquée par la réunion des LL. EE. Messieurs les Représentants des Puissances

Et il est utile de dire ici que les questions qui devront être résolues par le jury feront l'objet d'un débat public et contradictoire.

Je ne crois pas qu'il existe au monde une législation qui offre à la répression comme à la défense de plus grandes garanties.

Si S. A. le Khédive en avait pu imaginer un plus grand nombre parmi celles qu'il lui était possible d'offrir, il les aurait adoptées ; et, sans espérer que vous serez plus heureux, *je dois déclarer* que, s'il s'en trouve de sérieuses, et qui ne portent point atteinte aux idées qui ont présidé à l'institution de la nouvelle juridiction, le Gouvernement Egyptien *est prêt à les introduire* dans ses lois de procédure. *(Procès-verbaux, p. 8.)*

Nous avons tenu à faire connaîtrc *in extenso*, les premières déclarations du Gouvernement Egyptien sur les garanties, parce qu'elles montrent qu'au point de départ de la discussion, ces garanties avaient déjà une étendue considérable, et que celles qui y ont été ajoutées depuis ne constituent pas à elles seules le système de garanties assurées au fonctionnement des nouveaux Tribunaux, mais seulement un complément.

Le travail de classification des délits et crimes devant rentrer dans les catégories indiquées aux délégués par le mandat lui-même, était, ainsi que le disait Nubar-Pacha, un travail très facile pour les jurisconsultes de la Commission.

Mais ceux qui ne l'étaient pas entrèrent dans la discussion avec une préoccupation qui, d'après la position de la question, aurait évidemment du être écartée, celle des prérogatives consulaires à sauvegarder en dehors de l'intérêt bien entendu des justiciables.

Ainsi, dès le début, on voit le délégué français déclarer qu'il entend partir du principe que les tribunaux consulaires sont les tribunaux de droit commun, et les tribunaux égyptiens des tribunaux d'exception.

En l'état de la question, c'était inutile à dire; mais c'était, dans tous les cas, une erreur de droit insoutenable : en admettant même, suivant les prétentions les plus exagérées, que la compétence des tribunaux étrangers pour appliquer sur le territoire égyptien des lois de police et de sûreté, fût fondée sur un droit quelconque, c'était sur un droit absolument exceptionnel.

Nubar-Pacha ne voulut pas, quant à lui, entrer dans la discussion sur ce point; et, sans rien abandonner des droits du Gouvernement, il rétablit la question sur son véritable terrain, le terrain pratique.

Ce qui n'empêcha pas la même prétention de se reproduire à chaque occasion.

Son Exc. Nubar Pacha dit qu'il ne peut admettre que le

tribunal consulaire soit un tribunal de *droit commun*; il peut avoir, *en fait*, la juridiction criminelle et correctionnelle, mais ce n'est *en vertu d'aucun droit*, et c'est *contraire à tous les principes du droit naturel.*

Au surplus, dans le cas qui est en discussion, le *point de départ* doit être que *toute la compétence nécessaire au bon fonctionnement* des tribunaux doit être accordée, que les cas soient indiqués par le Gouvernement Egyptien, ou qu'ils soient trouvés par les délégués Européens ; et dans le cas où la liste renfermerait une omission, il prie MM. les Commissaires de la compléter. (*Procès-verbaux*, p. 14.)

Ce qui paraissait enlever tout intérêt à la question soulevée par M. Tricou, c'est que, tout le monde, même le représentant du Gouvernement, admettait que, pour les délits qui ne seraient pas spécifiés, les Consulats conserveraient en fait la compétence qu'ils ont actuellement et qu'ils prétendent fondée sur des usages.

Seulement, les uns voulaient que ces cas non spécifiés fussent laissés aux Consulats parce que l'attribution de leur connaissance aux nouveaux Tribunaux était inutile à leur fonctionnement, seul objet du travail de la Commission ; tandis que M. Tricou aurait voulu faire consacrer qu'ils étaient attribués aux Consulats en vertu du droit commun.

Mais l'intérêt que cette distinction présentait, non pas en raison ni en logique, mais en fait, venait de ce que les premiers, fidèles à leur mandat, voulaient attribuer aux Tribunaux égyptiens la compétence pour statuer sur *tous* les crimes et délits qui pouvaient compromettre la dignité des magistrats, la sécurité des officiers de justice et l'exécution des sentences; tandis que M. Tricou prétendait tirer de son *principe* cette conséquence, que la Commission devait chercher, même dans cette limite, à restreindre, autant que possible, la compétence des nouveaux Tribunaux.

Si l'on avait, dit-il, l'intention d'attribuer aux Tribunaux égyptiens la connaissance de tous les crimes et délits indistinctement contre la dignité de la justice ou l'exécution des sentences, les Commissaires ne seraient évidemment pas chargés de définir la nature et les catégories des crimes et délits dont ces tribunaux pourront connaître. On se serait référé purement et simplement au Code pénal égyptien, qui, sur cette matière comme sur les autres, est à peu de choses près calqué sur les Codes européens. (*Procès-verbaux*, p. 32.)

Les détails dans lesquels nous venons d'entrer, peuvent, à première vue, paraitre inutiles, puisque finalement la Commission, y compris M. Tricou, est arrivée à formuler une opinion unanime sur tous les points, et que cette formule a été acceptée sans arrière pensée et sans restriction par le Gouvernement Egyptien.

Il nous a paru nécessaire, cependant, de les faire connaître, d'abord parce que, seuls, ils peuvent faire comprendre quelques anomalies que l'on rencontrera dans les conclusions de la Commission, et que les explications qu'elle donne parfois ne justifient qu'imparfaitement; et ensuite, parce qu'on est autorisé à en conclure que les limites de la compétence pénale des nouveaux Tribunaux ont été l'objet d'un examen scrupuleux, et en quelque sorte jaloux.

Il arriva même ceci, que les délégués qui ne partageaient pas les scrupules du délégué français, et qui comprenaient, cependant, que la réforme était nécessaire et qu'il était impossible d'espérer la voir aboutir s'il y avait désaccord dans la Commission, cédèrent sur quelques points, sans conviction pour la plupart, et amenèrent, par leurs conseils, Nubar-Pacha à céder lui-même, en sorte que sur ces points un avis isolé prévalut.

Ainsi, on écarta les injures et outrages proférés même dans un lieu public contre un juge à raison de ses fonctions.

Dans ce cas, le coupable sera justiciable de son Consulat.

On enleva aussi aux nouveaux Tribunaux les

délits commis contre les personnes chargées accidentellement par le tribunal d'un acte d'huissier.

Le Code de procédure prévoit le cas où, dans un endroit éloigné du ressort, il y a lieu de signifier un exploit; le tribunal, dans ce cas, peut en donner la mission spéciale à une personne déterminée et de son choix.

Ce mode de procéder est nécessité par la configuration géographique de l'Egypte.

A la demande du délégué français, on accorda également que les nouveaux Tribunaux ne connaitraient pas des crimes et délits commis par vengeance contre les magistrats quand ils les atteindraient, non dans leur personne, mais dans leurs biens, et de la tentative de corruption exercée non pas sur eux, mais sur une personne de leur famille.

Sur un seul point, il y eut résistance de la part de la Commission, le délégué français demandait, d'une manière générale, que le complice d'un délit rentrant dans la catégorie de ceux qui seront de la compétence du tribunal égyptien, fût justiciable de son Consulat.

Il donnait pour exemple le receleur d'objets saisis et détournés.

Voici la réponce qui lui fût faite :

Sir Phil. Françis dit qu'il ne partage pas la manière de voir de M. Tricou sur les complices; celui qui, n'ayant pas le courage d'attaquer un juge ou un huissier, s'est trouvé assez riche pour payer un mauvais sujet qui a commis le délit, celui-là est le vrai coupable, car sans lui le délit serait souvent impossible; n'est-ce pas le complice d'ailleurs, qui en recélant, soustrait effectivement les objets sur lesquels la justice a mis la main?

M. Gillet (Allemagne) dit que, pour l'auteur principal et le complice, c'est le même fait qui est à examiner. Il est impossible de les renvoyer devant des juges différents qui apprécieraient ce fait à deux points de vue différents et d'après les législations diverses.

M. Hitrowo (Russie) ajoute qu'il en résulterait une grave difficulté de procédure. Quand on amène un coupable et un complice devant un juge d'instruction, les réponses de l'un facilitent l'interrogatoire de l'autre, et réciproquement, ce qui ne pourrait avoir lieu s'il y avait deux tribunaux saisis, et par conséquent deux juges d'instruction différents (1). (*Procès-verbaux*, p. 36 et 37).

---

(1) Les raisons si pratiques mises en avant par MM. Gillet et Hitrowo sont très bonnes à enregistrer, parce que, sans s'en apercevoir, ces Messieurs font la critique du système actuel de juridiction criminelle d'après lequel, en Egypte, les différents auteurs, co-auteurs et complices d'un même crime ou délit de droit commun, sont renvoyés devant autant de juridictions qu'ils représentent de nationalités et sont jugés d'après des législations différentes.

Eh bien ! malgré ces excellentes raisons, nous verrons que l'on a conservé aux tribunaux consulaires le jugement du complice d'une banqueroute frauduleuse.

L'examen des garanties offertes par le Gouvernement Egyptien donna également lieu à quelques discussions de détails dans l'exposé desquelles il est inutile d'entrer ici; car, le rapport, que nous allons reproduire dans ses parties saillantes, entre, sur leur objet et sur leur résultat, dans des explications suffisamment développées.

Le Rapport, après avoir rappelé le mandat donné à la Commission, indique la marche suivie par elle dans son examen :

La discussion a, d'après les termes du mandat de la Commission, porté sur deux points distincts :

1. Les garanties dont il convenait d'entourer le fonctionnement des nouveaux Tribunaux en matière pénale;

2. La définition des crimes et délits spéciaux qui devaient entrer dans leur compétence.

La Commission a suivi dans la discussion un ordre inverse de celui qui précède, parce qu'elle a pensé que la nature des délits qu'elle croirait pouvoir attribuer aux nouveaux Tribunaux pourrait motiver, dans l'établissement des garanties à demander au Gouvernement Egyptien, des dispositions spéciales justifiées par le caractère de ces délits déterminés.

La Commission est partie de ce point de départ que les crimes et délits ordinaires continueraient d'appartenir aux tribunaux consulaires.

Dans l'examen des crimes et délits qui peuvent être attribués aux nouveaux tribunaux, il y a lieu de considérer séparément :

1. Ceux qui sont commis contre les magistrats et officiers de justice dans l'exercice de leurs fonctions;

2. Ceux qui sont commis contre l'exécution des sentences;

3. Ceux qui sont imputés aux magistrats et officiers de justice dans leurs fonctions ;

4. La définition des peines applicables à ces crimes et délits.

Dans l'étude des garanties dont il convient d'entourer les nouveaux Tribunaux, il y a lieu d'examiner séparément :

1. Celles qui sont relatives à la poursuite;

2. Celles qui se trouvent dans les formalités de l'instruction et de son examen ;

3. Celles qui résident dans la composition des tribunaux appelés à statuer ;

4. Celles qui dépendent des conditions dans lesquelles les débats doivent avoir lieu ;

5. Celles qui concernent la formation des listes des jurés et des assesseurs qui participent à l'administration de la justice pénale ;

6. Celles enfin dont l'exécution des peines doit être entourée.

Nous suivrons dans la citation ou l'analyse du Rapport, l'ordre adopté par la Commission.

I.

CRIMES ET DÉLITS DONT LA CONNAISSANCE EST ATTRIBUÉE AUX NOUVEAUX TRIBUNAUX.

§ 1. — *Crimes et délits commis contre les magistrats et officiers de justice dans l'exercice ou à l'occasion de l'exercice de leurs fonctions.*

La Commission a pensé qu'il lui appartenait de restreindre les crimes et délits de cette catégorie dans la limite de ce qui est strictement nécessaire aux tribunaux pour fonctionner avec sécurité et indépendance.

En conséquence, elle a pris soin de n'y admettre que les crimes et délits commis *directement* contre la personne même des magistrats et des officiers de justice.....

Ainsi, elle a compris dans cette première catégorie :

L'outrage par gestes, paroles ou menaces ; les voies de fait, qui comprennent les coups, blessures, l'homicide volontaire avec ou sans préméditation ; les voies de fait qui ont pour objet d'obtenir un acte injuste ou illégal ou l'abstention d'un acte juste ou légal ; enfin, l'abus par un fonctionnaire de son autorité dans le même but, abus que la loi égyptienne punit quand il se manifeste même par une simple recommandation.

Tous ces actes sont évidemment commis *directement* contre la personne du magistrat ou de l'officier de justice

Mais la Commission a cru devoir écarter les crimes et délits qui s'attaquent, non à la personne des magistrats et des officiers de justice, mais à leurs biens, par voie d'incendie ou de tout autre mode de destruction.

Elle n'a admis la calomnie et l'injure publique qu'à la condition qu'elles aient été proférées, soit en présence du magistrat, soit dans l'enceinte du tribunal, ou publiées par voie d'écrits, d'impressions, d'affiches, de gravures ou d'emblèmes.

Elle a pensé que quelques paroles échappées à un premier moment d'irritation et qui ne viendraient pas atteindre la personne même du juge, ne pouvaient compromettre ni la dignité de la justice ni la sécurité de sa marche.

De même, elle n'a admis la tentative de corruption que lorsqu'elle s'adresserait au magistrat lui-même, et non lorsqu'elle serait dirigée contre quelque personne de sa famille. Il s'agirait là, en effet, d'une simple tentative qui, dans les circonstances où on la suppose commise, pourrait donner lieu à des difficultés d'interprétation, et par conséquent, à des conflits de juridiction.

Le représentant du Gouvernement Egyptien a donné son consentement à ces restrictions.

En spécifiant les crimes et délits qui concernent les magistrats et les officiers de justice, la Commission a tenu, pour éviter tout malentendu, à préciser ce qu'il fallait comprendre par la dénomination de magistrats et d'officiers de justice.

Elle est tombée d'accord avec le Ministre Egyptien que les personnes qui devaient être ici comprises dans cette désignation étaient, pour les magistrats, non-seulement les juges et les membres du parquet, mais encore les assesseurs et les jurés, et, pour les officiers de justice, les greffiers, les commis-greffiers assermentés, les interprètes attachés au tribunal, et les huissiers titulaires ; mais elle a écarté les crimes et délits qui pourraient être commis contre les personnes qui, sans remplir d'une façon permanente les fonctions d'huissier, seraient chargées, par une délégation spéciale du tribunal, et dans des cas exceptionnels déterminés par le Code de procédure civile et commerciale, d'une signification de pièce ou de tout autre acte d'huissier.

§ 2. — *Crimes et délits commis contre l'exécution des sentences ou des mandats de justice.*

La Commission n'a pas hésité à reconnaître que cette catégorie de crimes et délits devrait être soumise à la juridiction des nouveaux Tribunaux.

Elle a admis, d'un autre côté, qu'il n'y avait lieu de soumettre à la juridiction des nouveaux Tribunaux que les actes qui ont *directement* pour but de s'opposer à l'exécution des sentences et mandats de justice.....

La Commission a reconnu comme entrant dans cette catégorie la rébellion avec violence et les voies de fait contre les magistrats et officiers de justice agissant légalement pour l'exécution des sentences et contre les dépositaires et agents de la force publique appelés à prêter main forte à cette exécution; l'abus par un fonctionnaire de son autorité pour empêcher cette exécution; le vol de pièces judiciaires commis dans le même but; le bris de scellés apposés par l'autorité judiciaire; les détournements d'objets saisis en vertu d'une sentence ou d'une ordonnance; l'évasion de prisonniers détenus en vertu d'un mandat ou d'un jugement et les actes qui ont directement procuré cette évasion; le recel des prisonniers évadés dans le même cas.

Le Gouvernement Egyptien a demandé de comprendre dans cette deuxième catégorie de crimes à soumettre à la nouvelle juridiction, les faits caractéristiques de la banqueroute frauduleuse, quand ils se seront produits après le jugement déclaratif de faillite.

Il a admis par là que les faits antérieurs au jugement ne peuvent avoir, au point de vue où devait se placer la Commission, le caractère de ceux qui sont commis dans le but d'empêcher l'exécution d'un jugement émané du tribunal.

Pour bien saisir la distinction que fait ici le Rapport, il faut comprendre que les crimes et délits de la catégorie que nous examinons et qui sont accordés aux nouveaux Tribunaux sont ceux qui sont commis contre l'exécution d'une sentence.

Or, quand le crime de banqueroute frauduleuse est commis avant le jugement qui déclare la faillite, on peut bien dire qu'il est commis en prévision d'une sentence éventuelle, mais non contre une sentence, contre un ordre déterminé de justice.

Aux yeux du Gouvernement, il eut été très utile que les Tribunaux fussent compétents même dans ce cas pour juger la banqueroute frauduleuse ; mais, à son grand regret, il ne s'est pas cru autorisé à le demander, pour rester dans la lettre du mandat de la Commission.

La Commission a reconnu que l'effet d'un jugement déclaratif de faillite étant de transporter les biens du failli à la masse des créanciers, tout acte qui avait pour but direct d'empêcher la masse de disposer de ces biens était *directement commis contre l'exécution de la sentence.*

Mais, afin qu'il n'y eût pas de malentendu possible, elle a été d'accord avec le représentant du Gouvernement Egyptien qu'il convenait d'expliquer: 1° que les actes constitutifs de la banqueroute frauduleuse devaient avoir *pour but*, de la part du failli, de *détourner ou de dissimuler une partie de son actif au préjudice de la masse des créanciers* ; 2° qu'il s'agissait d'accusation portée contre le failli exclusivement ; 3° que le jugement devait, au moment où le fait incriminé était commis, avoir été signifié au failli ou publié par affiche.

Nous reviendrons sur l'attribution aux nouveaux Tribunaux de la compétence en matière de banqueroute frauduleuse, parce que, depuis le rapport de la Commission, ce point a donné lieu à un échange d'explications entre l'Egypte et quelques Puissances.

Disons de suite qu'en attribuant la connaissance de ce crime aux nouveaux Tribunaux, la Commission n'a pas eu un moment d'hésitation, et que cependant il est certain que son examen a été très spécialement appelé sur ce point.

En effet, dans la liste des crimes et délits qu'avait présentée le Gouvernement Egyptien, comme rentrant, à son avis, dans la catégorie de ceux qui étaient commis contre l'exécution des sentences, il indiquait:

« Les faits caractéristiques de la banqueroute
« frauduleuse quand ils se seront produits après
« le jugement déclaratif de faillite. »

(*Procès Verbaux, page 12.*)

Le comité de rédaction, dont faisait partie le délégué français, modifia cette formule et voulut que les faits fussent définis, comme nous venons de le voir dans la rédaction du Rapport, et indiqua que le détournement devait avoir été commis après la signification ou l'affiche du jugement, pour qu'il fût bien certain que le banqueroutier avait conscience qu'il contrevenait, par un crime, à une sentence de justice.

§3. — *Crimes et délits imputés aux Magistrats et officiers de justice, dans l'exercice de leurs fonctions.*

La Commission a pensé que les crimes et délits de cette catégorie devraient être accordés par la Commission à la compétence des nouveaux tribunaux.

Mais on comprend que la délimitation de cette catégorie de crimes et délits ne peut porter que sur le caractère de la personne de l'inculpé et sur les circonstances dans lequelles l'accusateur prétend que le fait délictueux a été commis, et non sur le délit en lui-même.

Il suffit, en effet, pour qu'il y ait un motif d'attribuer la compétence aux tribunaux Egyptiens, que le délit soit imputé au magistrat ou à l'officier de justice,et qu'en même temps le demandeur soutienne que c'est dans leurs fonctions qu'ils l'ont commis.

La Commission s'est bornée à énoncer ceux des crimes et délits qui peuvent être le plus habituellement et le plus spécialement imputés à des magistrats ou des officiers de justice.

Ce sont : la prévarication, la corruption, la non révélation d'une tentative de corruption, le déni de justice, les violences exercées contre les particuliers, la violation de domicile, l'arrestation illégale, les faux dans les actes et sentences, et, plus spécialement pour les officiers judiciaires, les exactions et les détournements de fonds publics.

§ 4. — *Définition des peines.*

Pour se conformer à son mandat, la Commission a eu le soin de relever dans le Code pénal égyptien les différentes peines prononcées à raison des crimes et délits spécifiés ci-dessus.

Le relevé est annexé au présent rapport.

La définition des peines, qui rentrait dans le mandat de la commission, n'a pas donné lieu à un examen spécial ; le délégué français a objecté qu'il ne pouvait entrer dans cette étude, parce que son gouvernement faisait examiner les Codes egyptiens.

L'important était de constater que les peines édictées par le Code pénal égyptien ne sont pas plus sévères que celles que prononcent les Codes européens.

Or, il est facile de reconnaître, par la comparaison de ces différents Codes, que les peines prononcées en Egypte sont beaucoup au-dessous de celles qui sont édictées par les autres législations.

D'abord on verra qu'elles sont de même nature ;

Ensuite, le maximum des peines afflictives et infamantes est de quinze ans, le minimum descend à trois ans ;

Le maximum de l'emprisonnement est de trois ans.

Au surplus, voici tout ce qui a été dit dans la Commission sur la gravité des peines.

M. Giaccone dit qu'il est persuadé que, pour ce qui est des peines motivées par les délits spéciaux envisagés par la Commission, chacun trouvera qu'elles ne *sont pas plus sévères* que celles qui sont prononcées par les Codes européens.

M. Maunoury dit qu'il a déjà eu l'occasion de faire en particulier *cette dernière remarque* à Sir Philip Francis qui avait reçu sur ce point des instructions spéciales de son Gouvernement ; il a ajouté que l'écart qui existe entre le maximum et le minimum des peines prononcées laissait le champ libre à l'indulgence du juge, et qu'enfin l'admission des circonstances atténuantes autorisée par le Code permettait de descendre aussi bas que l'humanité pouvait l'exiger ; que Sir Philip Francis avait été satisfait de ces explications. (*Proc.-verb., p. 79.*)

Sir Phil. Francis qui était présent et présidait la séance, n'a pas contredit cette explication.

Il faut ajouter que les Codes ont été examinés depuis par les Puissances et ont reçu leur approbation.

Après avoir défini les crimes et délits qui seront attribués aux nouveaux Tribunaux, le Rapport examine suivant quel système de garanties ces Tribunaux devront fonctionner.

Nous avons vu plus haut l'énoncé sommaire par Nubar-Pacha des garanties offertes par le Gouvernement Egyptien, et qui se trouvaient au surplus consignées soit dans le règlement d'organisation de tribunaux en matière civile, soit dans le Code d'instruction criminelle.

Nous avons vu que le représentant du Gouvernement offrait d'accepter toutes les garanties nouvelles qu'on pourrait lui demander, pourvu qu'elles ne portassent point atteinte aux idées qui avaient présidé à l'institution de la nouvelle juridiction.

Le Rapport rappelle cette situation et poursuit ainsi :

Le travail qui va suivre relève les principales garanties que le Gouvernement avait déjà introduites dans sa législation, et énonce, en les motivant, celles que la Commission a réclamées et qui ont été acceptées par le représentant du Gouvernement.

§ 1. — *Poursuite.*

Le Code d'instruction criminelle garantit le droit de poursuite en disposant que le juge d'instruction devra procéder sur la plainte de toute partie civile, même si le ministère public ne fait pas de réquisitions, et que le tribunal sera appelé à statuer sur toute instruction.

Les intérêts de la répression se trouvent ainsi suffisamment sauvegardés dans le cas de délits commis contre des magistrats ou des officiers de justice, ou contre l'exécution des sentences.

Mais la Commission a pensé qu'il pourrait n'en être pas de même en cas de délits imputables aux magistrats et aux officiers de justice.

Il pourrait arriver, dans ce cas, qu'il n'y eût pas une partie civile assez directement lésée pour vouloir affronter les ennuis et les chances d'une action judiciaire ; d'autre part, le plaignant pourrait être arrêté par la crainte de s'attaquer à une personne placée dans une position telle que celle qui appartiendra à un magistrat ou même à un officier de justice.

La Commission a demandé en conséquence que, si un fait délictueux à la charge d'un magistrat ou d'un officier judiciaire était signalé au Gouvernement par un membre du corps consulaire, le tribunal fût saisi.

Bien qu'il fût certain qu'en pareille occurence, le Gouvernement Egyptien ne pourrait pas refuser de tenir compte d'une démarche de cette nature, le représentant de S. A. le

Khédive n'a pas hésité à reconnaître que, le cas se présentant, le Gouvernement devrait donner les ordres nécessaires au ministère public, qui, conformément aux devoirs de ses fonctions, sera tenu de suivre sur la dénonciation.

Le Rapport ne relève pas toutes les garanties qui se trouvent au Code d'instruction criminelle, relativement à la poursuite.

Ainsi il ne dit pas que les simples plaintes et les procès-verbaux, qui n'obligent pas le ministère public à suivre, doivent toutes les semaines, quand il n'y aura pas poursuite, être portés à la connaissance de la Cour à laquelle appartient le droit d'ordonner une instruction d'office et que le parquet doit rendre compte de cette instruction à toute demande de la Cour. *(C. instr. cr., art. 35 et 36.)*

Nous verrons plus loin que la Commission, pour empêcher les nouveaux Tribunaux d'empiéter sur la compétence réservée au Consul, a voulu que toute instruction fût portée à la connaissance de ce dernier, même par copie s'il le demande, afin qu'il pût élever le conflit.

Ce soin, peut-être exagéré, des prérogatives consulaires amena la Commission à écarter deux dispositions du Code d'instruction criminelle qui avaient été introduites dans l'intérêt des parties.

Voici comment s'explique le Rapport :

Le Code d'instruction criminelle autorisait soit la partie civile, soit le ministère public, à saisir le tribunal d'une action correctionnelle par une citation directe à l'inculpé.

Ce mode de procédé *avait pour l'inculpé et la partie plaignante l'avantage d'éviter les longueurs et les frais.*

Dans le même intérêt, le Code autorisait le prévenu *à demander* à être jugé après l'instruction sans être obligé d'attendre la décision, souvent de pure forme, de la Chambre du Conseil.

La Commission, voulant *réserver au Consul* le droit de revendiquer la connaissance des causes qu'il croira de sa compétence, a demandé que toute poursuite donnât lieu à une instruction, et que toute instruction fût soumise à la Chambre du Conseil. Elle a donc proposé la suppression de la citation directe et du jugement à bref délai après l'instruction. Le représentant du Gouvernement Egyptien *s'en est rapporté* sur ce point à l'avis de la Commission.

Nubar-Pacha ne pouvait, en effet, que s'en rapporter à l'avis des Délégués des Ambassadeurs; c'était à eux seuls qu'il appartenait de défendre spécialement les intérêts des étrangers. Les indigènes seuls continueront à bénéficier des dispositions de la loi relatives à la citation directe et à la procédure à bref délai ; car, en ce qui les concerne, il n'y a pas d'intérêt administratif à sauvegarder.

§ 2. — *Instruction et examen de cette instruction.*

1° Instruction. — Le Code d'instruction criminelle entoure l'instruction d'une série de garanties sérieuses.

L'arrestation de l'inculpé ne peut avoir lieu sans mandat de justice qu'en cas de flagrant délit.

L'arrestation préventive n'a lieu que dans le cas de crime ou pour un nombre très restreint de délits déterminés.

La mise en liberté sous caution est de droit en matière de délit et peut être accordée même en matière de crime.

La mise au secret, qui ne peut être autorisée que pour un temps très court, n'empêche jamais l'inculpé de communiquer avec son avocat.

Tous les témoins indiqués par le prévenu doivent être cités sans frais.

Enfin, pour activer la marche de l'instruction, le Code a ordonné que toutes les semaines le juge d'instruction rendrait compte à la chambre du conseil des affaires dont il est saisi, et des causes qui retardent la solution de la procédure.

Le Rapport passe sous silence bien des garanties que le Code d'instruction criminelle égyptien contient, en dehors de celles que l'on rencontre dans les Codes européens.

Ainsi :

L'inculpé peut, dès le début de l'instruction, opposer une fin de non-recevoir à la poursuite, en soutenant que le fait tel qu'il est articulé ne constitue pas un fait punissable ; si le juge d'instruction repousse l'exception, le Tribunal peut être saisi de l'incident dans les 24 heures par l'inculpé. L'exception suspend l'interrogatoire. *(C. instr. cr., art. 50.)*

La confrontation des témoins avec les parties est de droit quand elle est requise par elles. — Toutes les parties doivent être appelées à la confrontation. *(C. instr. cr., art. 77-78.)*

Avant de porter l'affaire devant la chambre du conseil, le juge d'instruction doit communiquer le dossier à la partie civile et à l'inculpé, qui peuvent requérir un supplément d'instruction. *(C. instr. cr., art. 107.)*

Devant la chambre du conseil le juge d'instruction n'a pas voix délibérative. *(C. instr. cr. Art. 115.)*

Les parties sont présentes au rapport et ont le droit d'être entendues. L'inculpé a la parole le dernier. *(C. insr. cr. Art. 118.)*

L'audience de la chambre du conseil est publique, si l'inculpé le demande. *(C. instr. cr. Art. 119.)*

Aucun recours n'est admis contre une ordonnance de non lieu. *(C. instr. cr. Art. 121.)*

On ne peut pas nier qu'il y ait là un ensemble de garanties considérables et que l'on ne rencontre dans aucune autre législation.

Cependant le Rapport poursuit ainsi :

Ces garanties ont paru à la Commission devoir être encore complétées.

Elle a pensé, d'accord en cela avec le représentant du Gouvernement Egytien, que l'instruction, ainsi au surplus que les débats ultérieurs, tant en matière de crimes et de délits que de contraventions, devait être dirigée par un magistrat étranger et qu'elle devait avoir lieu dans celle des langues judiciaires que connaîtra l'inculpé.

Il a été admis, à sa demande, que l'inculpé qui n'aura pas de défenseur, en recevra un d'office, au moment de l'interrogatoire, à peine de nullité ; et que, jusqu'à ce qu'il fût constaté qu'il existe en Egypte une installation suffisante des lieux de détention, il serait remis à son Consul après l'interrogatoire et au plus tard dans les 24 heures de l'arrestation.

Elle a été d'accord avec le ministre égyptien qu'il y avait lieu de prononcer, contre le témoin qui refuserait de répondre, la peine de 100 à 4000 P. E. d'amende ou de une semaine à un mois de prison.

L'emprisonnement pourra même être porté à trois mois quand il s'agira d'une poursuite pour crime. *(Rapp. p. 109.)*

Enfin, le rapport détermine les formalités à remplir au cas de perquisition ordonnée au domicile d'un étranger.

Si la perquisition est ordonnée par le juge d'instruction, le Consul doit être averti d'avance, et il sera dressé procès-verbal de l'avis dont copie sera laissée au Consulat.

Si elle a lieu en cas de flagrant délit, on procédera en ayant soin d'aviser le Consul, mais sa présence sera nécessaire si c'est la nuit qu'a lieu l'entrée dans le domicile.

Dans le cours de la discussion, il a été soulevé une question fort grave, qui devenait inévitable dès que l'on admettait pour l'Egypte une dérogation au droit commun qui attribue aux Tribunaux territoriaux la compétence absolue sur les infractions aux lois de sûreté.

Qui devait, en cas de désaccord, déterminer si le fait à juger rentrait ou non dans la catégorie de ceux qui sont attribués aux nouveaux tribunaux ?

Pour bien faire saisir la portée de la question on a supposé le cas que voici :

Un juge a été outragé ou frappé par un plaideur, le ministère public le poursuit pour délit commis contre un magistrat.

Or, l'inculpé et son Consul soutiennent que le premier n'en voulait pas au juge, mais à la personne privée. — Deux poursuites peuvent être commencées simultanément ; quelle autorité décidera la compétence qui dépend ici d'une question d'intention ?

Voici, d'après le Rapport, l'analyse des opinions émises, et la solution à laquelle la Commission s'est arrêtée.

II. Règlement de la compétence. — Lorsque l'instruction est terminée, il peut se faire que le Consul pense que la poursuite est de sa compétence exclusive, et que l'affaire n'appartient pas à la catégorie de celles qui sont attribuées aux nouveaux Tribunaux.

Il peut arriver aussi qu'une instruction sur le même fait soit commencée en même temps par le juge d'instruction et par le Consul.

La Commission a pensé qu'il y avait là un conflit qui exigeait un mode spécial de règlement. Le conseil du Gouvernement Egyptien soutenait qu'en ce cas, il n'y avait pas conflit dans le sens juridique du mot et que le tribunal égyptien, reconnu juge du fait délictueux, était seul compétent pour apprécier les éléments constitutifs de ce fait.

Il admettait toutefois que, pour ce cas, on demandât au nom des intérêts européens des garanties spéciales, et proposait de faire régler la question de compétence par la Cour d'appel.

Un de Messieurs les délégués a proposé de faire statuer sur cette compétence, si elle était contestée, par un jury composé de quatre assesseurs étrangers appelés à faire partie de la Chambre du Conseil.

Dans ce système, on faisait remarquer que cette manière de procéder n'apportait aucun retard à la marche de l'affaire et que les assesseurs appartenaient à l'organisation judiciaire égyptienne ; qu'en même temps ils pouvaient être considérés comme représentant les colonies étrangères, et que même, par leur mode de nomination, ils émanaient des Consuls, en sorte que tous les intérêts se trouvaient ménagés.

Le représentant du Gouvernement Egyptien acceptait cette proposition.

Une troisième proposition soumettait le conflit au corps consulaire qui statuerait après avoir entendu le Consul de l'inculpé et le juge d'instruction.

Le ministre égyptien refusait d'admettre ce mode de procéder en donnant pour motif qu'il aboutissait à constituer en Egypte un nouveau tribunal composé d'éléments étrangers et appartenant au corps diplomatique.

La difficulté, dès que l'on admettait qu'il y avait conflit, était de laisser régler la compétence par l'une des deux juridictions en présence, ou de trouver un tribunal à la fois supérieur à ces deux juridictions.

Une quatrième proposition enfin consistait à laisser vider la question par voie diplomatique, ce qui permettait de laisser de côté la question de principe.

Pour arriver à une conciliation, le représentant du Gouvernement Egyptien s'est rangé à cette proposition que la Commission s'est attachée à rendre pratique.

On est tombé d'accord qu'en cas de conflit élevé par le Consul, et dans le cas également où le juge d'instruction et le Consul instruiraient en même temps sur le même fait, si l'un ou l'autre ne croyait pas devoir se reconnaître incompétent, la question serait déférée à l'arbitrage d'un Conseil composé de deux magistrats désignés par le président de la Cour, et de deux Consuls désignés par le Consul de l'inculpé.

Ce ne sera pas la décision d'un tribunal constitué, ce sera un mode exceptionnel de procéder, motivé par la situation tout exceptionnelle du pays, dans lequel les tribunaux locaux se trouvent n'avoir qu'une juridiction partielle en matière de répression.

Il a été bien entendu que le conflit ne pourra jamais être soulevé par le juge d'instruction à l'occasion d'un crime ou d'un délit ordinaire. De plus le crime ou le délit qu'il prétendra avoir été commis devra être qualifié, par la réquisition dont il aura été saisi, conformément aux catégories ci-dessus des faits attribués aux nouveaux tribunaux ; enfin si le magistrat ou l'officier de justice offensé porte sa plainte devant le tribunal consulaire, ce tribunal statuera sur la plainte sans qu'il y ait possibilité de conflit.

Le Gouvernement Egyptien avait offert comme garantie que l'instruction fût communiquée au Consul de l'inculpé.

Afin de permettre au Consul d'examiner la question de compétence, on est tombé d'accord que cette communication aurait lieu au greffe trois jours avant la réunion de la chambre du conseil, et, qu'à peine de nullité, il serait délivré au Consul expédition des pièces dont il demanderait copie.

Une fois toutes ces formalités remplies et la compétence déterminée, elle ne pourra plus être débattue, et le tribunal qui restera saisi statuera sur le fait délictueux qui fait la base de la prévention quel que soit le résultat définitif des débats ultérieurs.

Il eût été, en effet, préjudiciable aux intérêts de l'inculpé, peut-être détenu, et de la partie civile, que l'affaire, sur le point de recevoir une solution après une longue instruction et de minutieux débats, dût subir à nouveau les délais d'une seconde procédure devant un autre tribunal.

C'eût été un résultat également préjudiciable à la sécurité de la répression et aux intérêts de la partie civile, si les deux tribunaux successivement saisis se déclaraient incompétents, et si l'affaire aboutissait à un conflit négatif de juridiction qui deviendrait insoluble.

La solution à laquelle aboutit la Commission n' est peut-être pas très-juridique; — elle en convient elle-même; — mais il est certain qu'elle écarte tout embarras et toute complication entre deux juridictions rivales, et qu'elle met fin à toutes les appréhensions qui ont pu ou pourront naître de voir les nouveaux Tribunaux empiéter sur les juridictions consulaires.

§ 3. — *Composition des Tribunaux appelés à statuer.*

Il suffit ici, par la clarté des explications qui vont suivre, d'analyser la partie du rapport qui a trait à cette composition.

Voici, en deux mots, ce qu'elle sera.

Le Tribunal, qu'il juge en chambre du Conseil ou en audience correctionnelle, sera composé de trois magistrats et de quatre assesseurs.

La Cour d'assises sera également composée de trois magistrats, assistés de douze jurés, ces derniers prononçant seuls sur la culpabilité.

La seule innovation introduite ici par la commission est relative à la chambre du Conseil jugeant en matière correctionnelle, qui d'après le

Code d'instrution crimielle statuait sans assesseurs.

Le Gouvernement Egyptien, qui jugeait cette garantie inutile, l'a toutefois acceptée sans difficulté.

Le point important de la discussion a porté sur le nombre respectif des indigènes et des étrangers soit entre les magistrats, soit entre les assesseurs et jurés.

Voici quelles étaient les dispositions du Code d'instrution criminelle :

Sur les trois magistrats du Tribunal ou de la Cour il y avait un indigène.

Le Code ne disait rien de la nationalité des assesseurs, parce que la règle étant que la majorité des membres du Tribunal devait être composée d'éléments étrangers, il s'en suivait que deux assesseurs au moins seraient étrangers ; une plus forte proportion n'entraînant pas, d'ailleurs, nullité.

En règle générale, le jury était, d'après le Code, mi-partie étranger et mi-partie indigène.

Toutefois, s'il n'y avait pas partie civile, l'accusé pouvait demander que la majorité fût de sa nationalité, et s'il y avait partie civile, chaque partie pouvait demander qu'il n'y eût pas de juré de la nationalité de son adversaire.

Le Gouvernement aurait reproduit ce système devant la Commission, si, dans la réunion des Ambassadeurs qui a fixé le mandat de la Commission, on ne lui avait demandé une dérogation.

Voici comment s'explique le protocole ou plutôt l'*aide-mémoire* dressé dans cette réunion :

« Le général Ignatieff fait deux observations, quant au contenu de la seconde des pièces sus-mentionnées. Il lui semble qu'au lieu d'assurer la majorité des membres du jury à la nationalité de l'inculpé, il faudrait, pour assurer l'impartialité du jugement, composer le jury, dans les causes mixtes, en parties égales d'européens et d'indigènes, en choisissant les jurés au sort sur une liste établie d'avance......

« Nubar-Pacha admet les réserves formulées par l'Ambassade de Russie. Elles sont insérées dans le document déposé entre les mains des représentants.

La deuxième observation du général Ignatieff n'a ici aucun intérêt.

On peut voir que Nubar-Pacha a reproduit l'idée du général Ignatieff, dans l'exposé des garanties soumis à la Commission, à la première séance.

Cependant les délégués, n'étant pas liés par cet *aide-mémoire*, ont demandé une autre proportion dans les personnes appelées à juger.

La proposition la plus radicale a consisté à demander que tout élément indigène fût écarté dans les matières pénales concernant les étrangers.

Le membre qui faisait cette proposition voulait même que la moitié des assesseurs ou des jurés fussent de droit de la nationalité de l'inculpé, et la totalité, s'il le demandait.

On admettait, par contre, que les indigènes fussent jugés sans participation de l'élément étranger.

Voici ce que Nubar-Pacha répondait à cette demande évidemment excessive :

« Le Gouvernement accordera bien que tous les jurés soient étrangers, non pas que les indigènes seraient absolument incapables d'être jurés, car en fait, d'après la loi locale, c'est un véritable jury qui fonctionne partout en Egypte en matière pénale ; mais il conçoit, dans le cas grave du jugement des crimes, l'appréhension des puissances pour les premiers temps.

« En ce qui concerne les assesseurs, il ne tient pas à l'égalité, mais il en voudrait au moins un ; et voici pourquoi : l'assesseur n'est pas, comme le magistrat, séparé de la population, et il est très intéressant qu'il puisse, en rentrant au milieu de ceux qui le connaissent, rendre témoignage du Tribunal.

« Quant à la moitié des jurés et assesseurs de la nationalité de l'inculpé, puisque c'est une garantie qu'on dit exister dans la loi anglaise, le Gouvernement n'y fait pas obstacle; mais le Gouvernement préférerait qu'on n'accordât pas à l'inculpé que tous les assesseurs ou jurés fussent de sa nationalité; ce serait faire un particularisme dangereux et exposer les jugements au soupçon de partialité.

« Mais ce que le Gouvernement ne pourra jamais admettre, c'est que l'un des magistrats de la Cour et du Tribunal ne soit point indigène.

« C'est une défiance exagérée, car le magistrat est une personne choisie parmi les plus dignes et il est inamovible; il est contraire, au surplus, aux principes admis pour la réorganisation des Tribunaux que l'élément indigène soit écarté absolument.

« Il y a, d'ailleurs, une autre raison décisive pour le Gouvernement Egyptien, c'est celle-ci :

« S'il n'y avait pas un juge indigène parmi les magistrats, il ne lui serait pas possible d'introduire l'élément étranger dans le jugement des indigènes inculpés des délits déterminés par la Commission; on lui offre de s'en dispenser, mais il n'accepte pas cette offre, car il veut que ceux qui, dans ce cas, jugeront les indigènes aient à côté d'eux un magistrat étranger pour les éclairer. »

Ces réflexions étaient fort sages ; elles n'ont cependant été adoptées qu'en partie, comme on le voit par l'analyse faite, au commencement de ce §, de la solution présentée par la Commission.

Le Gouvernement a été jusqu'à la dernière des concessions possibles, car en définitive il y aura un juge indigène seulement sur sept au Tribunal correctionnel et à la chambre du Conseil, et un magistrat indigène à la Cour d'assises sur quinze personnes appelées à prononcer.

Il est clair que les intérêts étrangers se trouvent sauvegardés au-delà de ce qu'il était nécessaire de demander.

§ 4. — *Débats devant les tribunaux de jugement.*

En ce qui concerne les débats, la Commission a approuvé les garanties qui se trouvent dans le Code d'instruction criminelle égyptien, et qui paraissent aussi larges que possible.

Toutes les dispositions de ce Code, relatives à l'audition des témoins, aux plaidoiries, à la décision du jury, sont pour la plupart conformes à celles du Code d'instruction criminelle français.

Cette dernière observation n'est pas tout-à-fait exacte.

Voici, en effet, une série de dispositions qui peuvent être considérées comme favorables à la défense et qu'on ne rencontre pas dans le Code français:

Il n'est donné à l'audience lecture d'aucune pièce, si ce n'est des procès-verbaux en matière de contravention et de l'ordonnance de renvoi ;

La lecture à l'audience d'une pièce de l'instruction, si elle est le fait du président, d'un juge ou du ministère public, entraîne nullité ;

Il n'y a pas d'acte d'accusation, et il n'est remis au jury d'autre pièce que la liste des questions à juger ;

L'inculpé n'est pas soumis à un interrogatoire ;

Les témoins sont interrogés directement par les parties et le ministère public, sauf le débat sur la pertinence des questions, et les questions d'office posées par le président ;

En matière correctionnelle, le jugement doit être rendu aussitôt après la clôture des débats, si le prévenu est en état de détention ;

La question des circonstances atténuantes sera toujours posée au jury;

La position des questions fera l'objet d'un débat public et contradictoire.

Le Code d'instruction criminelle contenait aussi une disposition que le Gouvernement Egyptien considérait comme une garantie, et qui n'a pas été maintenue par la Commission.

Voici ce que dit le Rapport sur ce point :

La Commission a remarqué toutefois que le Code égyptien ne dispose pas que le président de la Cour d'assises devra présenter au jury, après les débats, le résumé de l'affaire.

Elle a pensé que, pour les premiers temps, le résumé du président était nécessaire, par le motif que le jury était une institution nouvelle en Egypte et qu'il fallait tenir compte de l'inexpérience des premières années.

C'était précisément parce que le jury sera un peu inexpérimenté dans les premiers temps que le Gouvernement Egyptien pensait qu'il y avait lieu de le soustraire à toute influence.

§ 5. — *Composition de la liste des jurés et des assesseurs étrangers.*

Le Code d'instruction criminelle admettait comme jurés toutes les personnes âgées de plus de trente ans, et ayant depuis plus de trois ans un domicile fixe en Egypte. — Il déterminait les exclusions.

La Cour d'appel était investie du droit de statuer sur les demandes en inscription ou en radiation.

La Commission a voulu qu'une liste d'un nombre déterminé de jurés fût dressée.

Le Gouvernement demanda alors à être chargé de dresser cette liste en présence et sur les renseignements des Consuls.

Mais la Commission ayant réclamé pour ces derniers le droit de former la liste, tout en admettant le représentant du Gouvernement à assister à cette formation, Nubar-Pacha préféra se désintéresser complétement de la question.

La liste des jurés et assesseurs étrangers sera donc composée par le corps consulaire seul. Telle est la décision de la Commission.

§ 6. — *Exécution des sentences.*

Le projet du Gouvernement Egyptien présentait, en ce qui concerne l'exécution des sentences, deux garanties spéciales.

En premier lieu, les représentants des Puissances auront le droit de se faire livrer ceux de leurs nationaux contre lesquels aurait été prononcé une condamnation à la peine capitale.

Cette disposition ne se trouve consignée, ni dans les Codes, ni dans le projet présenté par le Gouvernement, elle n'a fait l'objet d'aucune mention aux procès-verbaux.

Elle émane de l'initiative du Khédive et a été directement portée par lui à la connaissance des Ambassadeurs dans une audience qu'il leur a donnée ; le Khédive ne voulait pas que le nombre des exécutions capitales, excessivement rares en Egypte, pût être augmenté.

Le Code pénal égyptien contient, relativement à la peine capitale, deux dispositions que la Commission ne reproduit pas et qui montrent combien la loi égyptienne est circonspecte et humaine en matière de répression.

En premier lieu, la peine capitale n'est prononcée en matière d'assassinat, que si un témoin affirme le crime *de visu*.

L'aveu même ne suffit pas. C'est une application de la loi religieuse musulmane.

En second lieu, la peine est, de droit, commuée en celle des travaux forcés à perpétuité, si le Khédive n'a pas, dans la huitaine de la condamnation, ordonné que l'arrêt sera exécuté. Son silence emporte grâce.

Ajoutons que, d'après un principe de la loi religieuse, consacré par le Code pénal, les parents de la victime peuvent prononcer la remise de la peine de mort qui est commuée en celle des travaux forcés à perpétuité.

En second lieu, les étrangers condamnés à l'emprisonnement pourront, si le Consul le demande, subir leur peine dans la prison consulaire jusqu'à ce qu'il soit constaté qu'il existe en Egypte une installation suffisante des lieux de détention.

La Commission a demandé, en outre, et obtenu du représentant du Gouvernement Egyptien la reproduction d'une disposition qui avait été consentie devant la Commission internationale du Caire, à savoir que le Consul aurait toujours le droit de visiter la prison dans laquelle son administré serait détenu.

§ 7. — *Disposition spéciale.*

La Commission s'est préoccupée enfin d'une question qui ne touche à l'organisation judiciaire en matière pénale, qu'en ce qu'elle est de nature à prévenir un certain nombre de délits.

Les cas de rébellion contre l'exécution des sentences seront moins fréquents, si les agents de la force publique chargés de prêter main-forte à cette exécution sont connus de la population européenne, et sont d'ailleurs habitués à ce service.

La Commission a pensé, en conséquence, qu'il était à désirer qu'auprès des tribunaux il y eût un nombre suffisant d'agents choisis par les tribunaux eux-mêmes pour assister, au besoin, les magistrats et les officiers de justice dans leurs fonctions, lorsque ceux-ci ne seraient pas obligés, comme en cas de péril en la demeure, de s'adresser à tout autre agent.

Une disposition en ce sens a été acceptée par le représentant du Gouvernement Egyptien.

Il est facile de voir que la Commission des délégués a empiété ici en dehors de son mandat.

Son but a été bien plus d'assurer l'exécution des sentences en matière civile que d'introduire une garantie nouvelle contre les tribunaux de répression.

La disposition, d'ailleurs, était inutile, puisque tous les agents de la police sont à la disposition des tribunaux.

Le Gouvernement n'a pas cru devoir refuser cependant, afin de donner une preuve de plus de la sincérité de ses intentions.

Enfin, la Commission termine son rapport par cette déclaration :

> Tel est l'ensemble des garanties dont sera entouré le droit de juridiction pénale qui sera accordé aux nouveaux Tribunaux dans des cas spéciaux et déterminés.
>
> La Commission croit que ces garanties peuvent assurer une bonne et impartiale justice.
>
> Elle est donc *unanimement d'avis* d'approuver les dispositions suivantes qui ont été acceptées par le représentant du Gouvernement Egyptien.

Le travail qui sert de conclusion au Rapport de la Commission de Constantinople, et que ce rapport propose à l'acceptation des Puissances, est textuellement reproduit, comme nous l'avons dit plus haut, dans le règlement d'organisation judiciaire que le Gouvernement doit mettre en pratique ; on peut le lire à la fin de cet écrit.

Nous avons annoncé que, dans les négociations qui suivirent, des scrupules se sont élevés sur un point unique qui a son importance, et, quoiqu'ils paraissent levés aujourd'hui, il n'est pas hors de propos d'en dire un mot.

Il s'agit de l'attribution à la nouvelle juridiction de la compétence en matière de banqueroute frauduleuse.

Nous avons vu que la Commission de Constantinople a déclaré très nettement, dans son rapport, que les faits caractéristiques de la banqueroute frauduleuse, commis après l'affiche ou la signification du jugement de faillite, rentraient nécessairement dans la catégorie des crimes commis contre l'exécution des sentences, par le motif très décisif que l'effet du jugement de faillite était de transporter l'actif du failli à la masse de ses créanciers, et que le détournement de cet actif avait pour but et pour résultat d'empêcher l'exécution de ce jugement.

Il n'est pas douteux du reste que la Commission, qui, d'ailleurs, comme on le voit, s'explique très catégoriquement, a eu son attention spécialement attirée sur cette matière, puisque nous voyons qu'elle a pris soin de modifier, en la précisant et en la développant, la formule qui avait été proposée par le Gouvernement Egyptien, dans l'énoncé du fait incriminé.

La discussion de détail ayant eu lieu principalement devant le Comité de rédaction qui n'a pas laissé de procès-verbaux de ses séances, on pourrait croire qu'il y a eu au moins hésitation sur ce point.

Il est facile de démontrer qu'il n'en est rien, et que l'opinion des délégués a été unanime.

En effet, nous avons vu qu'un seul délégué a élevé des contestations sur l'étendue de la liste des crimes et délits à soumettre à la nouvelle juridiction, et nous avons montré sous l'empire de quelles préoccupations le délégué français croyait qu'il y avait lieu d'apporter des restrictions à cette liste.

Or, il est certain d'abord que le délégué français a eu son attention appelée sur le crime de la banqueroute frauduleuse, non-seulement parce que c'est lui qui a dicté les modifications apportées à la formule du Gouvernement relativement à la définition de ce crime, mais parce que, dans le cours de la discussion devant la Commission, il a été interpellé spécialement sur la compétence des tribunaux égyptiens en matière de banqueroute.

Nous lisons, en effet, aux procès-verbaux, page 36 :

M. MAUNOURY demande à M. Tricou s'il considère que les faits de banqueroute frauduleuse commis après le jugement déclaratif de faillite rentrent dans la nouvelle compétence.

M. TRICOU répond que, pour le moment, il se borne à poser les principes, mais qu'il se réserve de s'expliquer sur les questions de détail au sein du comité de rédaction.

Il est certain encore que dans le comité de rédaction, M. Tricou, qui a critiqué et fait modifier dans le Comité la définition proposée par le Gouvernement, n'a pas élevé d'objection contre la compétence des nouveaux Tribunaux en matière de banqueroute frauduleuse.

En effet, dans la séance du 1er février, devant la Commission, M. Tricou explique quelles objections il avait faites dans le Comité, et comment il les avait modifiées ou rectifiées.

M. TRICOU dit qu'en faisant certaines concessions au sein du Comité il a voulu faciliter l'œuvre de commune entente qui doit être l'objet final de la Commission. Elles ne sont pas de nature à altérer, du reste, les garanties dont il lui a paru nécessaire d'entourer l'exercice du nouveau droit que réclame le Gouvernement Egyptien. Ces concessions se réduisent à trois.

La première est relative à la complicité par recel en matière de détournement d'objets saisis, *le recel en matière de faillite étant écarté par le Gouvernement*. Les conditions spéciales auxquelles S. E. Nubar-Pacha a consenti à assujettir les visites domiciliaires ont déterminé le délégué français à abandonner les réserves qu'il avait cru devoir faire sur ce point.

La seconde a trait à la composition des tribunaux correctionnels et des Cours d'assises. Pour donner satisfaction à des susceptibilités peu fondées d'après lui, mais qui n'existent pas moins, il a dû admettre la présence d'un indigène parmi les trois juges du tribunal correctionnel et les trois conseillers de la cour d'appel.

Enfin, la troisième concerne le mode de procéder en matière de conflits de compétence. M. Tricou avait proposé de déférer ces conflits au corps consulaire. Le Gouvernement Egyptien s'étant plaint de l'inégalité que créerait, à son point de vue, l'adoption de cette combinaison, un compromis est intervenu, auquel le délégué français a donné son adhésion. Il consiste à faire juger les cas douteux par une sorte de tribunal arbitral composé de deux conseillers nommés par le Président de la Cour et de deux Consuls choisis par le Consul de l'inculpé. Les Consuls seront ainsi en mesure de s'opposer, le cas échéant, aux usurpations qui pourraient être tentées sur le domaine de la justice ordinaire.

Telles sont les concessions que le délégué français a faites dans le Comité. Il se plaît à espérer que S. E. Nubar-Pacha y verra une nouvelle preuve de ses sentiments de conciliation.

Voilà toutes les objections, hors celles qui ont été admises, qu'a faites M. Tricou; et l'on voit qu'en matière de banqueroute frauduleuse, il n'hésitait pas à reconnaitre la compétence des nouveaux Tribunaux ; il a fait écarter seulement le fait de complicité.

Comment se fait-il donc que des scrupules aient pu naître depuis ?

Nous nous expliquerons sur les motifs qui ont été mis en avant pour les justifier, mais dans ce qu'on peut appeler *l'historique* de l'objection , on pourrait voir comment on a été amené à la produire.

Nous avons dit plus haut que la Commission française de 1870 avait, dans son rapport, parlé d'enlever aux nouveaux Tribunaux, non-seulement la connaissance des questions d'état civil, ce qui était admis d'avance , mais encore des « questions « dont la solution impliquerait une modification « générale dans la condition civile, telle que la mise « en faillite, par exemple. » (*Rapport*, page 7.)

Nous avons dit comment, et pour quels motifs, dans un Comité faisant suite à cette Commission, on était tombé d'accord que les déclarations de faillite devaient rentrer dans la compétence des nouveaux Tribunaux.

Il ne restait pas trace de cet accord, si ce n'est implicitement dans la rédaction du « Projet « français. »

Or, à Constantinople, l'objection a été de nouveau soulevée par l'Ambassade de France; prenant texte des termes du rapport et, par suite d'une fausse interprétation de ce rapport, on objectait que la faillite produisait des effets sur l'état civil et sur les droits politiques et de famille du failli.

Il ne fut pas difficile de faire voir qu'il y avait là une erreur manifeste sur les conséquences du jugement déclaratif de faillite.

En premier lieu, il ne modifie jamais et nulle part l'état civil du failli.

En second lieu, le jugement prononcé en Egypte n'avait aucune influence possible sur les droits politiques et de famille du failli, car c'est un jugement rendu par un tribunal étranger qui n'aura d'ailleurs jamais à statuer sur ces droits. Il y a mieux, ce jugement n'aura aucun effet sur les biens du failli français situés en France; son effet ne touche pas sa personne, mais seulement ses biens, situés dans l'Empire Ottoman.

La difficulté soulevée ne fut pas maintenue par le gouvernement français, mais n'est-il pas permis de croire que, préoccupé de l'idée qu'il s'agissait d'une matière assez délicate, il a été plus disposé à éprouver des scrupules, quand il s'est agi de la sanction pénale du jugement de faillite.

Et pourtant c'était précisément parce que la poursuite de la banqueroute frauduleuse est la sanction du jugement de faillite, qu'il ne fallait pas hésiter à l'attribuer à la juridiction même qui rend le jugement de faillite.

Car enfin, c'est tout l'un ou tout l'autre, ou il faut refuser aux nouveaux Tribunaux la compétence nécessaire pour prononcer la faillite des étrangers, et alors, la Réforme devient à peu près inutile, ou il faut donner à la nouvelle juridiction le droit d'assurer l'exécution du jugement de faillite en instruisant contre les faillis qui détournent leur actif, malgré ce jugement.

Il ne faut pas oublier qu'on ne doit pas considérer ici le seul intérêt de celui qui fraude ses créanciers, mais qu'il faut tenir compte de l'intérêt de ces derniers, qui sont nombreux nécessairement, et dont les droits sont en périls par le fait même de la faillite.

A quoi bon aurait-on ordonné les mesures propres à sauver leur gage et à assurer l'égalité de répartition entre eux, si le crime commis en violation du jugement dans le but de rendre ces mesures inefficaces, doit être poursuivi devant un de ces Consulats où, suivant l'aveu de la Commission consulaire de 1870, l'impunité est assurée, ou devant une Cour à l'étranger?

Pour un failli français, il y a cent français et plus, qui sont créanciers de faillis étrangers.

Le droit du banqueroutier français est-il sacrifié, d'ailleurs ?

Au lieu du Consul, partie publique, juge instructeur, président de la chambre du Conseil, il aura un magistrat inamovible et impartial pour faire l'instruction, une chambre du Conseil composée de trois magistrats et de quatre assesseurs élus, et dont deux seront de sa nationalité : Il se défendra personnellement devant la chambre du Conseil dont le juge d'instruction ne fera pas partie.

Au lieu d'une Cour qui juge sans témoins, sans jurés, loin du lieu du crime, il aura un jury qui le connait, dont la moitié sera française et qui jugera uniquement sur instruction orale.

Pourquoi, d'ailleurs, une exception dans le cas de banqueroute frauduleuse ?

Quels motifs peut-on mettre en avant pour justifier une distinction entre ce crime et tous ceux de la même catégorie, et notamment, le détournement d'objets saisis qui est pour ainsi dire identique ?

On a indiqué un motif qui se formule ainsi :

Le règlement distingue le cas où le détournement est commis avant l'affiche ou la signification du jugement de faillite, et celui où il est commis après cette date.

« Dans le premier cas, le Consulat est compétent; dans le second, c'est la nouvelle juridiction.

« Si donc, le failli a falsifié ses livres pour détourner cet actif, le Consulat pourra soutenir que cette falsification est commise avant l'affiche du jugement, le juge d'instruction prétendra lui donner une date postérieure.

« De là, des conflits inévitables qu'il faut éviter à tout prix. »

On n'a jamais dit autre chose.

Voyons ce que vaut cette objection :

Et d'abord, si l'on a été amené à faire, relativement à la date du crime, la distinction signalée, on y a été conduit par la force des choses.

Cette distinction n'est pas subtile, car elle repose sur cette considération que le crime doit être commis contre l'exécution d'un jugement rendu et *connu* du coupable.

Elle peut être anormale, mais c'est parce que le principe admis est anormal lui-même, car il est contraire à tous les droits, au droit commun et naturel comme au droit écrit dans les Capitulations, que l'Egypte n'ait pas la faculté de poursuivre tous les crimes et délits commis sur son territoire.

Mais si la distinction théoriquement est anormale, en fait donne-t-elle lieu à des embarras ? car c'est là l'intérêt pratique de la question.

En premier lieu, il semble qu'on ait craint qu'à propos de faillite, les tribunaux égyptiens tentent de faire invasion sur les crimes et délits de droit commun, et, sous prétexte de banqueroute, se mettent à juger le faux dont on a parlé et l'escroquerie, par exemple, qui peuvent avoir été commis pour faciliter le détournement.

Il faut écarter cette crainte.

Les tribunaux égyptiens n'auront, d'après le règlement lui-même, à juger que le détournement; or le détournement d'une part, et le faux ou l'escroquerie, d'autre part, sont des faits punissables distincts ; l'un n'est pas la *circonstance légale* de l'autre.

Le ministère public ne peut pas requérir pour un faux commis par un particulier (1), ni pour une escroquerie.

Le juge d'instruction ne peut instruire sur des faits ainsi qualifiés.

---

(1) On a prévu seulement le faux commis par un magistrat ou un officier de justice, ce qui est un tout autre ordre d'idées.

Les questions posées au jury ne peuvent les comprendre.

En un mot, on a mis à la disposition des tribunaux un certain nombre d'articles du Code pénal, parmi lesquels ne figurent pas ceux qui prévoient l'escroquerie ni le faux commis par un particulier.

Pour eux, ces faits ne sont pas punissables; il n'y a pas de loi qu'ils puissent appliquer.

Où donc est la crainte?

On pourrait demander au Gouvernement Egyptien de faire la déclaration formelle qu'il n'entend pas que les crimes et délits accessoires commis par le banqueroutier soient attribués à ses tribunaux, mais on n'ajouterait rien aux précautions prises par le règlement.

Et, quant au danger de conflit que l'on a signalé, ce danger existe-t-il vraiment?

Soit, il y aura conflit, c'est-à-dire contestation sur une date entre le Consulat d'une part, et le juge d'instruction de l'autre. Qu'en résultera-t-il?

Le cas est prévu par le règlement élaboré par la Commission des délégués de Constantinople.

On constituera immédiatement un tribunal arbitral dont la composition est déterminée, ce tribunal prononcera sans recours possible sur la compétence, et l'affaire reprendra son cours suivant cette décision.

Où est le danger?

Qu'on suppose la question de date aussi difficile que l'on voudra à résoudre; elle sera résolue définitivement, et promptement.

Mais, cette question est-elle même délicate?

Voyons : quand on a créé le tribunal des conflits, on avait en vue principalement une appréciation qui pouvait être regardée comme assez embarrassante; c'était le cas où un délit commun commis contre une personne prenait, dans l'intention du coupable, le caractère spécial qui le faisait rentrer dans une des garanties prévues. Un plaideur injurie ou frappe un magistrat; a-t-il eu l'intention d'atteindre l'homme privé ou le magistrat?

Suivant l'intention qui l'a dirigé, la compétence change.

Qui jugera cette intention, si les deux juridictions ne sont pas d'accord?

Ce sera le tribunal des conflits.

La solution formulée ainsi par la Commission de Constantinople lui a paru et apparaîtra à tout le monde aussi satisfaisante que possible, car, au point de vue où nous nous plaçons, la composition de ce tribunal est indifférente.

Le seul point utile en pratique, c'est que le conflit cesse, et il cesse évidemment dès qu'un tribunal quelconque est appelé à le résoudre.

Or, on ne peut nier, que dans le cas que nous venons de supposer, la question est délicate.

L'est-elle vraiment en matière de détournement? en aucune façon, il s'agit d'une question de date, d'un fait matériel, et dont les preuves sont saisissables.

En vérité, on ne voit pas d'où vient, pour le fait particulier de la banqueroute, cette crainte d'un conflit qui peut être si promptement et si facilement résolu par le tribunal spécial prévu pour tous les cas de conflit.

Qu'on y prenne garde : la question des faillites est celle qu'on a le plus d'intérêt à régulariser, car c'est le point vital du commerce ; c'est, par conséquent, celui pour lequel il importe le plus d'entourer de toute sécurité l'exécution des sentences.

Si l'on sait, qu'une répression, prompte et impartiale doit atteindre le banqueroutier, il n'y aura plus de détournements coupables.

Si l'on sait, au contraire, que l'impunité est probable ou au moins possible, et que la multiplicité et l'éloignement des juridictions de répression décourageront les créanciers, toutes les faillites seront, comme elles sont toutes aujourd'hui en Egypte, des banqueroutes frauduleuses et alors, on n'aura rien fait.

Remarquons notamment que les nouveaux Tribunaux ne sont compétents pour juger les indigènes, que pour les crimes et délits prévus par le règlement, car il est évident que le Gouvernement, si puissant qu'il soit, n'aura pas la force morale nécessaire pour imposer à ses sujets, dans les matières qui intéressent les étrangers, un tribunal dont les étrangers répudient la compétence.

N'est-il pas évident, dès lors, qu'il y aurait une imprudence capitale à laisser de côté pour les commerçants indigènes, comme pour les étrangers, la poursuite de banqueroute frauduleuse. Ce serait laisser subsister une des plus grandes plaies qui affligent le commerce d'importation en Egypte.

Nous n'avons tant insisté sur cette objection, que parce que c'est la dernière qui subsiste, si tant est qu'elle subsiste encore, et parce que, surtout, elle nous a permis de montrer avec quelle facilité et avec quel ensemble de garanties fonctionneront les nouveaux tribunaux, dans le cas où précisément on a cru voir le plus de difficultés pratiques.

Et maintenant, résumons-nous :

Les Capitulations donnent aux français, comme aux autres étrangers établis dans le Levant, le même droit qu'ont les sujets non-musulmans d'être jugés par leur autorité et suivant leurs lois dans tous les procès même criminels qui ne concernent qu'eux.

De plus, dans leurs contestations avec d'autres étrangers, ils ne peuvent être obligés de se présenter devant les tribunaux locaux.

Dans leurs procès avec les indigènes, les juges locaux ne peuvent examiner l'affaire qu'en présence d'un délégué consulaire, qui doit également assister à l'exécution faite au domicile du français.

Ces exceptions au droit commun déjà considérables ont été étendues, en fait, en Egypte, et malgré le texte des Capitulations, par les empiétements successifs des Consuls.

On a obligé les indigènes à s'adresser aux Consulats quand ils étaient demandeurs, en refusant d'envoyer des délégués consulaires devant les tribunaux locaux, bien que les Capitulations en fissent une obligation formelle, et l'on a invoqué, comme un droit, une juridiction qui ne s'était établie, en fait, que par une contrainte exercée en violation des traités.

Il s'en est suivi un état de choses, un *modus vivendi*, qui, en apparence, augmente les privilèges de nos nationaux, parce qu'il restreint, au profit de l'action consulaire, l'autorité primordiale de la souveraineté territoriale.

L'usurpation semble une conquête, on s'en glorifie, mais on en souffre d'une façon déplorable.

Cette constitution de dix-sept nationalités séparées qui coexistent sur le même territoire, qui ont une sphère d'action séparée, et chacune leur juridiction distincte, oblige de diviser les actions judiciaires autant qu'il y a de parties en cause ;

Elle soumet l'exécution des contrats et la solution des litiges, suivant les hasards de la procédure, à des législations, à des règles de droit et de preuves différentes et contradictoires ;

Elle favorise la mauvaise foi et rend le plus souvent impossible l'exercice des droits les plus incontestables ;

Elle oblige les parties à aller plaider en appel à l'étranger ;

Les tribunaux qui statuent sont le plus souvent sans instruction spéciale et quelquefois sans conscience ;

La propriété immobilière n'a point de base certaine; un régime hypothécaire est impossible ;

Les réclamations élevées contre le Gouvernement sont insolubles ;

En matière pénale, la répression n'est jamais assurée, la peine n'est point exemplaire, la police est sans action.

Les inconvénients d'un pareil système qui sont trop nombreux et trop complexes pour que leur énumération trouve place dans un résumé, ont été constatés et mis en lumière par deux Commissions françaises, et par une Commission composée des Consuls eux-mêmes et réunie en Egypte.

Ils sont tels qu'on peut dire qu'il n'y a pas de justice en Egypte ni civile ni criminelle.

Tous ceux qui ont examiné la question, tout le le monde au surplus, même les adversaires les plus absolus de la Réforme reconnaissent qu'il est urgent de sortir de cette situation, non-seulement dans l'intérêt de l'Egypte qui y succomberait, mais dans celui des étrangers qui résident sur son territoire.

Tous sont d'accord que le remède se trouve nécessairement dans l'établissement d'une juridiction unique.

Où donc est la dissidence ?

C'est que ceux qui ne connaissent pas ou n'ont

pas voulu connaître le projet du Gouvernement et les études des Commissions qui ont successivement examiné la question, craignent ou affectent de craindre que l'organisation de cette juridiction unique n'assure pas une justice impartiale et indépendante, et que les garanties dont son fonctionnement sera entouré ne protègent pas suffisamment tous les intérêts.

Les Commissions qui ont examiné au Caire et à Constantinople les projets du Gouvernement et les ont amendés n'ont pas eu ces craintes.

Et, de fait, comment les garanties pourraient-elles manquer ?

Le Gouvernement se déclarait prêt à les accepter toutes ;

Les commissaires, hommes pratiques et bien renseignés s'il en fut, ont eu le champ libre et tout le temps et les moyens imaginables pour les étudier ;

On a vu que les précautions qu'ils ont prises vont jusqu'à la minutie et à l'exagération ; on peut dire que, notamment, en matière criminelle, il n'y a pas de législation au monde qui offre à la défense plus de liberté et plus de sécurité.

Personne, assurément, ne contredira que les

règles de procédure, d'instruction criminelle, d'examen, telles qu'elles sont établies par les Codes et par le règlement contiennent, et au delà, toutes les garanties dont on peut prendre le modèle dans les législatiens les plus libérales.

En un mot, le tribunal nouveau aura entre les mains le meilleur instrument possible pour rendre à tous bonne justice.

Toute la question se résume donc à ceci :

Ce tribunal sera-t-il éclairé, impartial et indépendant ?

Il sera *éclairé*, car les magistrats étrangers seront choisis précisément parmi les mêmes personnes dont se recrutent les tribunaux européens ;

Les magistrats devront être autorisés par leur Gouvernement ;

Le président dirigeant les débats sera un magistrat étranger.

Ils seront *impartiaux*, car la majorité sera eurOpèenne, et à la Cour qui juge en dernier ressort la majorité europénne sera de cinq contre trois ;

Au criminel, un seul magistrat indigène jugera sur trois ; les assesseurs et les jurés seront tous étrangers et la moitié sera de la nationalité de l'inculpé.

Ils seront *indépendants*, car ils seront inamovibles, leur avancement ne dépendra pas du Gouvernement, leur discipline appartiendra à la Cour. Toute plainte portée contre eux sera instruite; l'acceptation d'une faveur, d'un avantage matériel, entraînera révocation.

Que veut-on de plus ?
Où la crainte peut-elle se placer ?

Enfin, il ne s'agit que d'un essai temporaire, et l'opinion publique toujours en éveil, la surveillance toujours jalouse des Consuls contrôleront cet essai.

De l'anarchie judiciaire la plus complète, l'Egypte demande, avec un désintéressement indéniable, à revenir à un état régulier qui donne satisfaction à tous les intérêts légitimes.

La France peut-elle mettre obstacle à un désir aussi respectable ?

La réponse n'est pas douteuse :

Lorsque M. de Moustier, Ministre des affaires étrangères, appelait une commission à examiner les propositions alors incomplètes du Gouvernement Egyptien, il recommandait aux commissaires de se rappeler « QUE LE RÔLE DE LA FRANCE EN ORIENT « A TOUJOURS ÉTÉ D'ENCOURAGER TOUTES LES « MESURES DE PROGRÈS. »

RÈGLEMENT

D'ORGANISATION JUDICIAIRE

Pour les Procès Mixtes en Égypte

TITRE I.

Juridiction en matière Civile et Commerciale.

CHAPITRE Ier

TRIBUNAUX DE PREMIÈRE INSTANCE ET COUR D'APPEL.

---

§ 1. — *Institution et Composition.*

ARTICLE Ier

Il sera institué trois tribunaux de première instance, à Alexandrie, au Caire et à Zagazig.

ART. 2.

Chacun de ces tribunaux sera composé de sept juges, quatre étrangers et trois indigènes.

Les sentences seront rendues par cinq juges, dont trois étrangers et deux indigènes.

L'un des juges étrangers présidera avec le titre de vice-président et sera désigné par la majorité absolue des membres étrangers et indigènes du tribunal.

Dans les affaires commerciales, le tribunal s'adjoindra deux négociants, un indigène et un étranger, ayant voix délibérative et choisis par voix d'élection.

ART. 3.

Il y aura à Alexandrie une Cour d'Appel composée de onze magistrats, quatre indigènes et sept étrangers.

L'un des magistrats étrangers présidera sous le titre de vice-président et sera désigné de la même manière que les vices-présidents des tribunaux.

Les arrêts de la Cour d'Appel seront rendus par huit magistrats, dont cinq étrangers et trois indigènes.

ART. 4.

Le nombre des magistrats de la Cour d'Appel et des tribunaux pourra être augmenté, si la Cour en signale la nécessité pour le besoin du service, sans altérer la proportion fixée entre les juges indigènes et étrangers.

En attendant, dans le cas d'absence ou d'empêchement de plusieurs juges à la fois de la Cour d'Appel, ou du même tribunal, le président de la Cour pourra les faire suppléer, s'il s'agit des juges étrangers, par leurs collègues des autres tribunaux ou par les magistrats étrangers de la Cour d'Appel ; lorsque l'un des magistrats de la Cour sera ainsi délégué à intervenir aux audiences d'un des tribunaux, il en aura la présidence.

Art. 5.

La nomination et le choix des juges appartiendront au Gouvernement Egyptien, mais, pour être rassuré lui-même sur les garanties que présenteront les personnes dont il fera choix, il s'adressera officieusement aux Ministres de la justice à l'étranger, et n'engagera que les personnes munies de l'acquiescement et de l'autorisation de leur Gouvernement.

Art. 6.

Il y aura dans la Cour d'Appel et dans chaque tribunal un greffier et plusieurs commis-greffiers assermentés par lesquels il pourra se faire remplacer.

Art. 7.

Il y aura aussi près la Cour d'Appel et de chaque tribunal des interprètes assermentés en nombre suffisant, et le personnel d'huissiers nécessaire qui seront chargés lu service de l'audience, de la signification les actes et de l'exécution des sentences.

ART. 8.

Les greffiers, huissiers et interprètes seront d'abord nommés par le Gouvernement, et, quant aux greffiers, ils seront choisis pour la première fois à l'étranger parmi les officiers ministériels qui exercent ou qui ont déjà exercé, ou parmi les personnes aptes à remplir les mêmes fonctions à l'étranger. Les greffiers, huissiers et interprètes pourront être révoqués par le tribunal auquel ils seront attachés.

§ II. — *Compétence.*

ART. 9.

Ces tribunaux connaîtront seuls de toutes les contestations en matière civile et commerciale entre indigènes et étrangers, et entre étrangers de nationalités différentes, ainsi que de toutes les actions réelles immobilières entre toutes personnes, même appartenant à la même nationalité.

Art. 10.

Le Gouvernement, les Administrations, les Daïras de S. A. le Khédive et des membres de sa famille seront justiciables de ces tribunaux dans les procès avec les sujets étrangers.

Art. 11.

Ces tribunaux, sans pouvoir statuer sur la propriété du domaine public ni interprêter ou arrêter l'exécution d'une mesure administrative, pourront juger, dans les cas prévus par le Code Civil, les atteintes portées à un droit acquis d'un étranger, par un acte d'administration.

Art. 12.

Ne sont pas soumises à ces tribunaux

es demandes des étrangers contre un éta-blissement pieux en revendication de la propriété d'immeubles possédés par cet établissement, mais ils seront compétents pour statuer sur la demande intentée sur la question de possession légale, quel que soit le demandeur ou le défendeur.

ART. 13.

Le seul fait de la constitution d'une hy-pothèque en faveur d'un étranger sur les biens immeubles, quels que soient le pos-seur et le propriétaire, rendra ces tribu-naux compétents pour statuer sur la vali-dité de l'hypothèque et sur toutes ses conséquences, jusques et y compris la vente forcée de l'immeuble ainsi que la distri-bution du prix.

ART. 14.

Les tribunaux délègueront un des juges qui, agissant en qualité de juge de paix, sera chargé de concillier les parties et de juger les affaires dont l'importance sera fixée par le Code de procédure.

§ III. — *Audiences.*

Art. 15.

Les audiences seront publiques, sauf les cas où le tribunal, par une décision motivée, ordonnera l'huis-clos dans l'intérêt des bonnes mœurs ou de l'ordre public ; la défense sera libre.

Art. 16.

Les langues judiciaires employées devant le tribunal pour les plaidoiries et la rédaction des actes et sentences seront les langues du pays, l'italien et le français.

Art. 17.

Les personnes ayant le diplôme d'avocat,

seront seules admises à représenter et défendre les parties devant la Cour d'Appel.

§ IV. — *Exécution des sentences.*

Art. 18.

L'exécution des jugements aura lieu en dehors de toute action administrative consulaire ou autre et sur l'ordre du Tribunal. Elle sera effectuée par les huissiers du Tribunal avec l'assistance des autorités locales si cette assistance devient nécessaire, mais toujours en dehors de toute ingérence administrative.

Seulement l'officier de justice chargé de l'exécution par le Tribunal est obligé d'avertir les Consulats du jour et de l'heure de l'exécution et ce à peine de nullité et de dommages-intérêts contre lui. Le Consul, ainsi averti a la faculté de se trouver présent à l'exécution ; mais en cas d'absence, il sera passé outre à l'exécution.

§ V. — *Inamovibilité des Magistrats ; — Avancement;—Incompatibilité;-- Discipline.*

ART. 19.

Les juges qui composent la Cour d'Appel et les Tribunaux seront inamovibles.

L'inamovibilité ne subsistera que pendant la période quinquennale. Elle ne sera définitivement admise qu'après ce délai d'épreuve.

ART. 20.

L'avancement des juges et leur passage d'un tribunal à un autre n'auront lieu que de leur consentement et sur le vote de la Cour d'Appel qui prendra l'avis des tribunaux intéressés.

ART. 21.

Les fonctions de magistrats, de greffiers, commis-greffiers, interprètes et huissiers seront incompatibles avec toutes autres fonctions salariées et avec la profession de négociant.

ART. 22.

Les juges ne seront point l'objet de la part de l'administration égyptienne de distinctions honorifiques ou matérielles.

ART. 23.

Tous les juges de la même catégorie recevront les mêmes appointements. L'acceptation d'une rémunération en dehors de ses appointements, d'une augmentation des appointements, de cadeaux de valeur ou d'autres avantages matériels entraîne pour le juge la déchéance de l'emploi et du traitement sans aucun droit à une indemnité.

ART. 24.

La discipline des juges, des officiers de justice et des avocats est réservée à la Cour d'Appel. La peine disciplinaire applicable aux juges pour les faits qui compromettent leur honorabilité comme magistrats ou l'indépendance de leurs votes sera la révocation et la perte du traitement sans aucun droit à une indemnité. La peine applicable aux avocats pour les faits qui compromettent leur honorabilité sera la radiation de la liste des avocats admis à plaider devant la Cour. Le jugement devra être rendu par la Cour en réunion générale à la majorité des trois quarts des Conseillers présents.

Art. 25.

Toute plainte présentée au Gouvernement par un membre du corps consulaire contre les juges pour cause disciplinaire devra être déférée à la Cour qui sera tenue d'instruire l'affaire.

CHAPITRE II.

PARQUET.

Art. 26.

Il sera institué un Parquet à la tête duquel sera un procureur général.

Art. 27.

Le procureur général aura sous sa direction auprès de la Cour d'Appel et des tribunaux des substituts en nombre suffisant pour le service des audiences et la police judiciaire.

Art. 28.

Le procureur général pourra siéger à toutes les Chambres de la Cour et des Tribunaux, à toutes les Cours criminelles et à toutes les assemblées générales de la Cour et des tribunaux.

ART. 29.

Les Magistrats du Parquet seront amovibles, et ils seront nommés par S. A. le Khédive.

§ VI. — *Dispositions Spéciales et Transitoires.*

ART. 30.

Le droit de récusation péremptoire des juges, des interprètes et des traductions écrites sera réservé pour toutes les parties.

ART. 31.

Il y aura, dans chaque greffe des tribunaux de première instance, un employé du Mehkémé qui assistera le greffier dans les actes translatifs de propriété immobilière et de constitution de droit de privilège immobilier, et en dressera acte qu'il transmettra au Mehkémé.

ART. 32.

Il y aura également auprès du Mehkémé des commis délégués par le greffier du tribunal de première instance qui devront lui transmettre, pour être transcrits d'office au registre des hypothèques, les actes translatifs de propriété immobilière et de constitution de gage immobilier.

Ces transmissions seront faites sous peine de dommages-intérêts et de poursuite disciplinaire, et sans que l'omission entraîne nullité.

ART. 33.

Les conventions, donations et les actes de constitution d'hypothèque ou translatifs de propriété immobilière, reçus par le greffier du tribunal de première instance, auront la valeur d'actes authentiques, et leur original sera déposé dans les archives du greffe.

ART. 34.

Les nouveaux Tribunaux, dans l'exercice

de leur juridiction en matière civile et commerciale et dans la limite de celle qui leur est consentie en matière pénale, appliqueront les Codes présentés par l'Egypte aux Puissances, et en cas de silence, d'insuffisance et d'obscurité de la loi, le juge se conformera aux principes du droit naturel et aux règles de l'équité.

ART. 35.

Le Gouvernement fera publier, un mois avant le fonctionnement des nouveaux Tribunaux, les Codes, dont un exemplaire en chacune des langues judiciaires sera déposé, jusqu'à ce fonctionnement, dans chaque Mudiriéh, auprès de chaque Consulat et aux greffes de la Cour d'Appel et des Tribunaux qui en conserveront toujours un exemplaire.

ART. 36.

Il publiera également les lois relatives au

Statut personnel des indigènes, un tarif des frais de justice, les ordonnances sur le régime des terres, des digues et canaux.

ART. 37.

La Cour préparera le règlement général judiciaire en ce qui concerne la police de l'audience , la discipline des tribunaux , des officiers de justice et des avocats, les devoirs des mandataires représentant les parties à l'audience , l'admission des personnes indigentes au bureau d'assistance judiciaire , l'exercice du droit de récusation péremptoire, et la manière de procéder en cas de partage des votes pour les jugements de la Cour d'Appel.

Le projet de règlement ainsi préparé sera transmis aux tribunaux de première instance pour leurs observations, et, après une nouvelle délibération de la Cour qui sera définitive, rendu exécutoire par décret du Ministre de la Justice.

Art. 38.

Les Tribunaux en matière civile et commerciale ne commenceront à connaître des causes mixtes qu'un mois après leur installation.

Art. 39.

Les causes déjà commencées devant les Consulats étrangers au moment de l'installation des tribunaux seront jugées devant leur ancien forum jusqu'à leur solution définitive. Elles pourront cependant, à la demande des parties et, avec le consentement de tous les intéressés, être référées aux nouveaux tribunaux.

TITRE II

Juridiction en matière pénale en ce qui concerne les inculpés étrangers.

CHAPITRE Ier

TRIBUNAUX DES CONTRAVENTIONS, DE POLICE CORRECTIONNELLE ET COUR D'ASSISES.

§ 1. — *Composition.*

ART. 1er

Le juge des contraventions à la charge des étrangers sera un des membres étrangers du tribunal.

ART. 2.

La chambre du Conseil, aussi bien en matière de délits qu'en matière de crimes, sera composée de trois juges, dont un indigène et deux étrangers, et de quatre assesseurs étrangers.

ART. 3.

Le Tribunal correctionnel aura la même composition.

ART. 4.

La Cour d'Assises sera composé de trois conseillers, dont un indigène et deux étrangers.

Les douze jurés seront étrangers.

Dans ces divers cas, la moitié des assesseurs et des jurés sera de la nationalité de l'inculpé, s'il le demande. Dans le cas où la liste des jurés ou des assesseurs de la nationalité de l'accusé serait insuffisante, il désignera la nationalité à laquelle ils devront appartenir pour compléter le nombre voulu.

ART. 5.

Lorsqu'il y aura plusieurs inculpés, chacun d'eux aura droit de demander un nombre égal d'assesseurs ou de jurés de leur nationalité, sans que le nombre des assesseurs ou jurés puisse être augmenté, et sauf à déterminer par la voie du sort ceux des inculpés qui, à raison de ce nombre, ne pourront exercer leur droit.

§ II.—*Compétence*

Art. 6.

Seront soumises à la juridiction des Tribunaux Egyptiens, les poursuites pour contraventions de simple police, et, en outre, les accusations portées contre les auteurs et complices des crimes et délits suivants :

Art. 7.

Crimes et délits commis directement contre les magistrats, les jurés et les officiers de justice dans l'exercice ou à l'occasion de l'exercice de leurs fonctions,

Savoir :

a) Outrages par gestes, paroles ou menaces,

b) Calomnies, injures, pourvu qu'elles aient été proférées soit en présence du magistrat, du juré ou de l'officier de justice, soit dans l'enceinte du tribunal, ou publiées par voie d'affiches, d'écrits, d'imprimés, de gravures ou d'emblèmes,

c) Voie de fait contre leur personne, comprenant les coups, blessures, et homicide volontaire avec ou sans préméditation,

d) Voies de fait exercées contr'eux ou menaces à eux faites pour obtenir un acte injuste ou illégal ou l'abstention d'un acte juste ou légal,

e) Abus par un fonctionnaire public de son autorité contr'eux dans le même but.

f) Tentative de corruption exercée directement contr'eux,

g) Recommandation donnée à un juge par un fonctionnaire public en faveur d'une des parties ;

ART. 8.

Crimes et délits commis directement contre l'exécution des sentences et des mandats de justice,

Savoir :

a) Attaque ou résistance avec violence ou voies de fait contre les magistrats en fonctions, ou des officiers de justice instrumentant ou agissant légalement pour l'exécution des sentences ou mandats de justice, ou contre les dépositaires ou agents de la force publique chargés de prêter main-forte à cette exécution,

b) Abus d'autorité de la part d'un fonctionnaire public pour empêcher l'exécution,

c) Vol de pièces judiciaires dans le même but,

d) Bris de scellés apposés par l'autorité judiciaire, détournement d'objets saisis en vertu d'une ordonnance ou d'un jugement, *e*) Evasion de prisonniers détenus en vertu d'un mandat ou d'une sentence et actes qui ont directement procuré cette évasion,

f) Recel des prisonniers évadés dans le même cas,

g) Les accusations, en tant qu'elles concernent le failli exclusivement, pour faits caractéristiques de la banqueroute frauduleuse commise par lui après la signification ou l'affiche du jugement déclaratif de la faillite, en détournant ou dissimulant une partie de son actif au préjudice de la masse des créanciers, en détournant ou détruisant ses livres dans le but de commettre ce détournement ou cette dissimulation d'actif, ou en se reconnaissant ou se faisant reconnaître, dans le même but, débiteur de sommes qu'il ne devait pas réellement ;

ART. 9.

Les crimes et délits imputés aux juges, jurés et officiers de justice, quand ils seront accusés de les avoir commis dans l'exercice de leurs fonctions ou par suite d'un abus de ces fonctions,

Savoir :

Outre les crimes et délits communs qui pourront leur être imputés dans ces circonstances, les crimes et délits spéciaux sont :

a) Sentence injuste rendue par faveur ou inimitié,

b) Corruption,

c) Non révélation de la tentative de corruption,

d) Déni de justice,

e) Violences exercées contre les particuliers,

f) Violation du domicile sans les formalités légales,

g) Exactions,

h) Détournement de deniers publics,

i) Arrestation illégale,

j) Faux dans les sentences et actes.

Dans les dispositions qui précèdent, sont compris, sous la désignation d'officiers de justice, les greffiers, les commis-greffiers assermentés, les interprètes attachés au tribunal, et les huissiers titulaires, mais non les personnes chargées accidentellement par délégation du tribunal d'une signification ou d'un acte d'huissier.

La dénomination de magistrats comprend les assesseurs et les jurés.

CHAPITRE II.

DÉROGATION AU CODE D'INSTRUCTION CRIMINELLE DANS LE JUGEMENT DES CONTRAVENTIONS, DES CRIMES ET DES DÉLITS A LA CHARGE DES ÉTRANGERS.

---

§ I. — *Poursuite.*

ART. 11.

Lorsqu'un membre du Corps Consulaire dénoncera un fait délictueux à la charge d'un magistrat ou d'un officier de justice, le Gouvernement devra donner les ordres nécessaires au Ministère public qui sera tenu de suivre sur la dénonciation (1).

---

(1) *Code d'Instruction Criminelle* :

35. — Le Ministère public devra, toutes les semaines, adresser à la Cour d'appel, par l'intermédiaire du Procureur général, le tableau des dénonciations et des procès-verbaux de constatation sur lesquels il n'aurait pas jugé à propos de suivre.

36. — La Cour d'appel pourra, soit sur ces dénonciations ou procès-verbaux, soit sur toute autre information qui

Art. 12.

Toutes les poursuites pour crimes et délis feront l'objet d'une instruction qui sera soumise à une Chambre du Conseil.

Art. 13.

Le Consul de l'inculpé sera sans délai avisé de toute poursuite pour crime ou délit intenté contre son administré.

---

serait parvenue à sa connaissance, se faire communiquer copie des pièces, et ordonner d'office qu'il sera instruit, ce qui sera fait immédiatement par le juge d'instruction compétent, sur la réquisition du procureur général ou de son substitut. Le procureur général rendra compte de l'instruction à toute demande de la Cour.

38. — La plainte de la partie qui aura formellement déclaré se porter partie civile pourra être déposée au greffe du tribunal, au greffe de l'instruction ou au parquet, ou remise directement au juge d'instruction.

39. — Ce dernier la communiquera sans délai au ministère public, s'il ne l'a pas reçue de lui.

40. — Le juge d'instruction se trouvera saisi régulièrement après cette communication et devra procéder à l'instruction, même si le parquet n'a pas fait de réquisitions.

§ II. — *Instruction.*

Art. 14.

L'instruction ainsi que les débats auront lieu dans celle des langues judiciaires que connaîtra l'inculpé.

Art. 15.

Toute instruction contre un étranger, ainsi que la direction des débats lors du jugement, appartiendront à un magistrat étranger, tant en matière de simple police qu'en matière criminelle ou correctionnelle.

Art. 16.

Si l'inculpé d'un crime ou d'un délit n'a pas de défenseur, il lui en sera désigné un d'office, au moment de l'interrogatoire à peine de nullité (1).

---

(1) *Code d'Instruction Criminelle* :

81. — Lorsque l'inculpé ne se sera pas présenté sur la citation, ou lorsque le fait incriminé sera de la nature indi-

Art. 17.

Jusqu'à ce qu'il soit constaté qu'il existe en Egypte une installation suffisante des lieux de détention, les inculpés arrêtés préventivement seront livrés au Consul immé-

---

quée à l'article 18, le juge d'instruction pourra décerner un mandat d'amener.

(Art. 18..... Lorsqu'il y aura présomption de crime ou de tentative de crime ou d'un délit de vol, d'escroquerie, ou de violence grave ou lorsque l'inculpé n'aura pas de domicile fixe et connu en Egypte.....)

92. — Le juge d'instruction pourra mettre l'inculpé au secret pendant quarante-huit heures seulement; dans ce délai il se pourvoira, s'il est nécessaire, devant la chambre du Tribunal qui pourra prolonger de six jours le temps du secret et non au delà.

93. — Le juge d'instruction peut toujours ordonner que l'inculpé ne communiquera qu'avec les membres de sa famille jusqu'au sixième degré inclusivement, et en présence d'un tiers ayant le droit d'empêcher aucune communication relative à l'inculpation.

94. — L'inculpé, même mis au secret, aura toujours le droit de communiquer sans témoin avec son défenseur, pourvu que ce dernier soit avocat admis à la Cour d'appel.

95. — A toute époque, le juge d'instruction pourra donner main-levée d'un mandat décerné par lui.

L'ordonnance de ce chef ne sera soumise à aucun recours.

96. — L'inculpé pourra à toute époque demander sa mise en liberté provisoire ; la demande sera introduite devant la

diatement après l'interrogatoire et dans les 24 heures de l'arrestation au plus tard, à moins que le Consul n'ait autorisé la détention dans la prison du Gouvernement.

ART. 18 (1).

Le témoin qui refusera de répondre soit au juge d'instruction, soit devant un tribunal

---

chambre du Conseil qui l'entendra en présence du ministère public et statuera sur les conclusions écrites de ce dernier.

97. — Cette décision ne pourra être attaquée par voie d'appel.

99. — La partie civile n'est pas admise à requérir l'arrestation de l'inculpé et n'est pas entendue dans les débats relatifs à sa mise en liberté.

100. — La mise en liberté provisoire sous caution sera de droit, en matière de délits, huit jours après l'interrogatoire, quand l'inculpé sera domicilié et qu'il n'aura pas subi une condamnation antérieure de plus d'une année d'emprisonnement.

102. — En matière de crimes, la mise en liberté ne sera pas de droit, mais elle pourra être prononcée dans les formes ci-dessus avec ou sans caution.

(1) *Code d'instruction criminelle* :

50 — Le prévenu peut, avant de répondre à son interrogatoire, opposer au juge d'instruction tout déclinatoire de

du jugement, pourra être condamné à la peine de l'emprisonnement qui variera d'une semaine à un mois en matière de délit, et qui pourra être portée à 3 mois en matière de crimes, ou, en tout cas, à une amende de 100 à 4,000 P. E.

Ces peines seront prononcées suivant les cas par le Tribunal ou la Cour.

ART. 19.

Les seuls témoins qui pourront être récusés sont les ascendants, les descendants, et les frères et sœurs de l'inculpé ou ses

---

compétence ou toute exception et fin de non-recevoir relatives à la non-culpabilité, en droit, du fait incriminé.

51 — Le juge d'instruction prononcera sur l'incident, dans les vingt-quatre heures, après avoir demandé les conclusions écrites du ministère public, et entendu la partie civile.

52 — L'opposition à son ordonnance sera recevable de la part de toutes les parties et suspendra l'interrogatoire, et non l'instruction.

53 — Le ministère public et le prévenu aux frais de l'Etat, et la partie civile à ses frais, pourront requérir l'audition de tout témoin ou toute procédure d'instruction.

alliés, au même degré et son conjoint même divorcé, sans que l'audition des personnes ci-dessus entraîne nullité lorsque ni le ministère public, ni la partie civile, ni l'inculpé ne les aura récusés (1).

Art. 20.

Lorsque dans le cours d'une instruction, il y aura lieu de procéder à une visite domiliere, le Consul de l'inculpé sera avisé.

Il sera dressé procès-verbal de l'avis donné au Consul.

Copie de ce procès-verbal sera laissé au Consulat au moment de l'interpellation.

---

(1) *Code d'instruction criminelle* :

77 — En aucun cas, les témoins ne peuvent être confrontés avec la partie civile en l'absence du prévenu, et réciproquement.

78 — La confrontation est de droit quand elle est demandée. Elle se fait avec récolement des précédentes dépositions et nouvelles affirmations du témoin, s'il persiste dans ses réponses.

79 — Le ministère public ne pourra assister aux dépositions des témoins qu'en cas de confrontation avec les parties.

ART. 21.

Hors le cas de flagrant délit, ou d'appel de secours de l'intérieur, l'entrée du domicile pendant la nuit ne pourra avoir lieu qu'en présence du Consul ou de son délégué, s'il ne l'a pas autorisée hors sa présence (1).

§ III. — *Règlement de la compétence dans les conflits de juridiction.*

ART. 22.

Trois jours avant la réunion de la chambre du Conseil, la communication des pièces de l'instruction sera faite au greffe, au Consul ou à son délégué.

Il devra, sous peine de nullité, être délivré au Consul expédition des pièces dont il demandera copie.

---

(1) *Code d'instruction criminelle* :

106 — Le juge d'instruction devra, une fois par semaine, rendre compte, en la chambre du conseil, de toutes les affaires dont il est chargé et des causes qui retardent l'instruction.

ART. 23.

Si, sur la communication des pièces, le Consul de l'inculpé prétend que l'affaire appartient à sa juridiction, et qu'elle doit être déférée à son tribunal, la question de compétence, si elle est contestée par le tribunal égyptien, sera soumise à l'arbitrage d'un Conseil composé de deux Conseillers ou juges, désignés par le Président de la Cour et de deux Consuls choisis par le Consul de l'inculpé.

ART. 24.

Lorsque le juge d'instruction et le Consul instruiront en même temps sur le même fait, si l'un ou l'autre ne croit pas devoir se reconnaître incompétent, le Conseil des conflits devra être réuni pour régler le différend à la demande de l'un des deux.

Il est bien entendu que le conflit ne pourra jamais être soulevé par le juge d'instruction à l'occasion d'un crime ou d'un délit ordinaire, de plus, le crime ou le délit qu'il prétendra avoir été commis devra être qualifié par le réquisitoire dont il aura été saisi, conformément aux catégories ci-dessus des faits attribués aux nouveaux tribunaux. Enfin si le magistrat ou l'officier de justice offensé a porté sa plainte devant le tribunal consulaire, ce tribunal statuera sur la plainte sans qu'il y ait possibilité de conflit.

ART. 25.

Le tribunal qui, après que les formalités ci-dessus auront été remplies, restera saisi de l'affaire, statuera sur cette affaire sans qu'il puisse y avoir lieu ultérieurement à déclaration d'incompétence (1).

---

(1) *Code d'instruction criminelle* :

107 — Le juge d'instruction devra donner connaissance de l'instruction à la partie civile et à l'inculpé qui feront leurs observations sur son procès-verbal, et pourront requérir les constatations et auditions de témoins qu'ils aviseront.......

108 — L'instruction close, les pièces seront transmises au chef du parquet, qui devra les examiner dans les vingt-quatre heures.

115—La chambre du Conseil sera composée de trois magis-

§ IV. — *Débats devant la Cour d'Assises.*

Art. 26 (1).

Devant la Cour d'Assises, quand les débats

---

trats, non compris le juge d'instruction qui n'aura que voix consultative.

117 — La procédure sera soumise à la chambre du conseil, à laquelle le juge d'instruction fera son rapport.

118 — Le ministère public, la partie civile et l'inculpé seront présents au rapport et seront entendus contradictoirement, s'ils se présentent sur la citation ; l'inculpé aura la parole le dernier.

119 — L'audience ne sera pas publique si l'inculpé ne le requiert formellement.

Il sera fait droit à sa réquisition, si l'intérêt des mœurs ne s'y oppose.

120 — Si la chambre du Conseil estime qu'il n'y a présomption ni de crime, ni de délit, ni de contravention, elle rendra une ordonnance déclarant qu'il n'y a pas lieu à suivre.

121 — Cette ordonnance ne donnera lieu à aucun recours.

126 — Les ordonnances de la chambre du Conseil qui ordonneront un renvoi, viseront dans tous les cas les articles de la loi qui motivent l'inculpation.

(1) — *Code d'instruction criminelle* :

136 — Il sera donné à l'audience, qui sera publique à peine de nullité, lecture des procès-verbaux, s'il y en a ; les témoins produits seront entendus.

Les questions seront posées d'abord par la partie qui aura produit les témoins, ensuite par les autres parties successivement.

seront clos, et les questions à poser aux juges arrêtées, le Président résumera l'affaire et les principales preuves pour ou contre l'accusé.

L'inculpé pourra toujours interroger le dernier les témoins qu'il n'aura pas produits.

Le président aura toujours la faculté de poser d'office les questions qu'il avisera.

Il statuera seul, sans jugement, sur les questions qui seront repoussées comme non pertinentes.

Le juge entendra ensuite les conclusions et explications du ministère public, de la partie civile et de l'inculpé, qui sera toujours entendu le dernier.

La feuille d'audience constatera que les formalités ci-dessus ont été remplies.

163 — Il ne sera donné lecture d'aucune pièce de l'instruction écrite, si ce n'est de celles qui établissent l'identité des pièces à conviction.

164 — Toutefois, le président, le ministère public et les parties pourront donner, à titre de renseignement, lecture des dépositions ou rapports des témoins ou experts qui ne seront pas présents par raison d'empêchement, ou qui ne se seraient pas présentés sur la citation à eux donnée.

165 — Il ne sera pas donné connaissance de l'interrogatoire du prévenu ni d'aucune de ses déclarations dans l'instruction.

166 — Le défaut d'observation des règles énoncées aux articles 163 et 165, s'il est imputable au président ou à un juge, ou au ministère public, entraînera nullité.

167 — Avant l'audition des témoins, le ministère public et la partie civile pourront faire l'exposé des faits qu'ils entendent prouver.

§ V. — *De l'appel et du pourvoi contre les jugements de condamnation.*

Art. 27.

Les appels, quand ils sont permis en matière de contravention contre les jugements

---

Le prévenu aura le droit d'énoncer les faits contraires.

168 — Dans le cours de l'instruction devant le tribunal il ne lui sera pas posé d'autres questions que celles de savoir ce qu'il a à déclarer sur chacune des dépositions des témoins ou experts, quand ces dépositions seront terminées.

169 — Quand l'instruction sera close, le ministère public, la partie civile et le prévenu seront entendus en leurs explications,

Celui-ci aura toujours la parole le dernier.

(Les articles 136, 163 à 169 sont applicables aux débats devant le tribunal correctionnel et la Cour d'Assises.)

170 — Le jugement du tribunal correctionnel sera rendn à la même audience si le prévenu est en état de détention.

Sinon, il pourra être rendu au plus tard à l'audience suivante.

— *Cour d'Assises*:

182 — Les conseillers siégeront à tour de rôle par session; le plus ancien conseiller présidera en l'absence d'un vice-président.

Ne pourront siéger ceux qui auront connu de l'affaire à un titre quelconque.

210 — L'accusé aura le droit d'exercer quinze récusations par liste; le ministère public aura le même droit, qui sera toujours diminué du nombre des jurés absents ou excusés,

du tribunal de simple police, seront portés devant le tribunal correctionnel.

ART. 28 (1).

Les pourvois, dans le cas où ils sont au-

---

de manière à ce qu'il reste au moins douze jurés non récusables.

(D'après le Code d'instruction criminelle, il y avait deux listes de jurés de trente-six noms chaque, pour les jurés indigènes et les jurés étrangers. — Ce cas ne se représentera que si l'accusé réclame des jurés de sa nationalité. — Il y aura une liste spéciale pour ces jurés. — Dans les autres cas, le nombre des récusations sera de douze. On voit que le ministère public perd le droit de récusation pour autant de noms qu'il y a de jurés absents ou excusés, l'accusé conserve toujours le droit à nn nombre fixe de récusations.

226 — Il sera posé formellement la question de savoir s'il existe des circonstances atténuantes en faveur de l'accusé.

227 — La position des questions pourra être débattue par le ministère public ou le défenseur de l'accusé.

228 — La Cour statuera sur l'incident. Quand les questions seront arrêtées, les jurés se retireront pour délibérer.

Il leur sera remis uniquement la liste des questions à résoudre et le texte des six articles suivants, dans les langues officielles.

(Il s'agit ici des recommandations habituelles aux jurés, pour le vote et la rédaction du verdict.)

(1) *Cas où les pourvois sont autorisés par le Code d'instruction Criminelle pour les contraventions* :

153. — Le ministère public et le condamné pourront,

torisés par le Code d'instruction criminelle contre les jugements de condamnation en matière pénale seront portés devant la Cour composée comme en matière civile.

---

dans les mêmes délais (trois jours) , qui seront doublés s'il s'agit d'un jugement susceptible d'appel, et ne courront que du jour de la sentence rendue sur l'appel interjeté, se pourvoir devant la Cour dans les trois cas suivants, qui seuls feront l'objet des débats :

1° Si le fait constaté au jugement ne constitue pas une contravention ni un fait punissable ;

2° Si la loi a été mal appliquée au fait déclaré constant ;

3° S'il y a une nullité substantielle de la procédure ou du jugement.

154. — La Cour statuera sur le pourvoi, après avoir entendu le ministère public, les parties ou leurs représentants.

Dans le premier cas, elle prononcera l'absolution de l'inculpé.

Dans le second cas, elle fera l'application de la loi s'il s'agit de contravention, ou renverra devant le tribunal compétent s'il s'agit d'un fait plus grave, ou devant un juge d'instruction.

Dans le troisième cas, l'affaire sera renvoyée devant le tribunal des contraventions tenu par un autre juge, pour être jugée à nouveau.

Le pourvoi sera fait par déclaration au greffe, et le prévenu sera cité trois jours francs avant l'audience.

Pour les jugements correctionnels :

175. — Le jugement de condamnation ne sera attaquable

Les conseillers ayant siégé dans la Cour d'Assises ne pourront connaître du pourvoi élevé contre l'arrêt de la Cour.

---

que dans le cas et dans les formes prévus par les articles 153 et 154, sauf que, dans le second cas prévu par l'article 153, la Cour appliquera la peine s'il s'agit d'un délit ou d'une contravention, et que dans le troisième cas, elle renverra devant le tribunal jugeant correctionnellement et composé d'autres juges, et, au besoin, devant un autre tribunal correctionnel.

Pour les Arrêts d'assises :

250. — Le ministère public et l'accusé pourront se pourvoir contre l'arrêt de condamnation dans les trois jours de son prononcé, et dans les formes prévues par l'article 154 :

1° Si le fait déclaré constant ne constitue ni crime, ni délit, ni contravention ;

2° Si la peine a été mal appliquée au fait déclaré constant ;

3° S'il a été commis une nullité substantielle depuis et y compris le tirage du jury.

251. — Ce recours sera porté devant la Cour d'appel composée de conseillers autres que ceux qui ont siégé à la Cour d'assises.

252. — La Cour prononcera, s'il y a lieu, la nullité de l'arrêt, et 1° dans le premier cas prévu par l'article 250, elle prononcera l'absolution de l'accusé ; 2° dans le deuxième et le troisième cas elle annulera la procédure depuis la citation et renverra l'accusé devant une autre cour d'assises.

Toutefois l'arrêt ne sera pas annulé dans le deuxième cas, si la peine prononcée n'est pas plus forte que celle qui pouvait être prononcée en appliquant les articles de loi qui auraient dû être invoqués par l'arrêt.

§ VI. — *Établissement de la liste des jurés et choix des assesseurs.*

Art. 29.

La liste des jurés de nationalité étrangère sera dressée annuellement par le Corps Consulaire.

A cet effet, chaque Consul adressera au doyen du Corps Consulaire, la liste de ses nationaux qui remplissent, d'après lui, les conditions voulues pour être jurés. Les jurés devront avoir l'âge de 30 ans et une résidence en Egypte d'un an au moins.

Art. 30.

La liste définitive sera dressée par le Corps Consulaire sur les listes partielles en procédant par voie d'élimination, jusqu'à ce que le total des jurés atteigne et n'excède pas le nombre de deux cent cinquante.

ART. 31.

Chaque nationalité pourra avoir un maximum de trente jurés et un minimum de dix-huit jurés, pourvu que, dans ce dernier cas, la composition de la nationalité le permette.

ART. 32.

Les assesseurs correctionnels seront choisis par le Corps Consulaire sur la liste des jurés.

ART. 33.

Le minimum des assesseurs sera de six, et le maximum de douze par nationalité.

ART. 34.

Lorsqu'un délit correctionnel devra être jugé dans une ville où il ne se trouvera pas un nombre suffisant d'assesseurs étrangers, la Cour désignera les assesseurs du tribunal voisin qui devront venir siéger.

ART. 35.

Les assesseurs et jurés qui ne comparaîtront pas pour remplir leurs fonctions seront condamnés par le Tribunal ou la Cour, suivant les cas, à une amende de 200 à 4,000 Piastres Egyptiennes, à moins d'excuse légitime.

§ *VII. — Exécution.*

ART. 36.

Jusqu'à ce qu'il soit constaté qu'une installation suffisante des lieux de détention existe réellement en Egypte, les condamnés à l'emprisonnement seront, si le Consul le demande, détenus dans les prisons consulaires.

ART. 37.

Le Consul dont l'administré subira sa peine dans les établissements du Gouvernement Egyptien aura le droit de visiter les lieux de détention et d'en vérifier l'état.

ART. 38.

En cas de condamnation à la peine capitale, Messieurs les Représentants des Puissances auront la faculté de réclamer leur administré.

A cet effet un délai suffisant interviendra entre le prononcé et l'exécution de la sentence pour donner aux Représentants des Puissances le temps de se prononcer.

TITRE III.

§ I. — *Disposition spéciale.*

ART. 39.

Il sera établi près des nouveaux tribunaux un nombre suffisant d'agents choisis par les tribunaux eux-mêmes, pour pouvoir, assister au besoin les magistrats et les officiers de justice dans leurs fonctions, sauf aux tribunaux et officiers judiciaires à requérir tout autre agent de la force publique, en cas de flagrant délit ou de péril en la demeure.

§ II. — *Disposition finale.*

ART. 40.

Pendant la période quinquennale, aucun changement ne devra avoir lieu dans le système adopté.

Après cette période, si l'expérience n'a pas confirmé l'utilité pratique de la Réforme Judiciaire, il sera loisible aux Puissances soit de revenir à l'ancien ordre de choses, soit d'aviser, d'accord avec le Gouvernement Egyptien, à d'autres combinaisons.

TABLE DES MATIÈRES.

(1) Nous avons omis de mentionner que M. de Plœuc faisait partie de cette Commission.

IMPRIMERIE FRANÇAISE, A. MOURÈS
à Alexandrie.

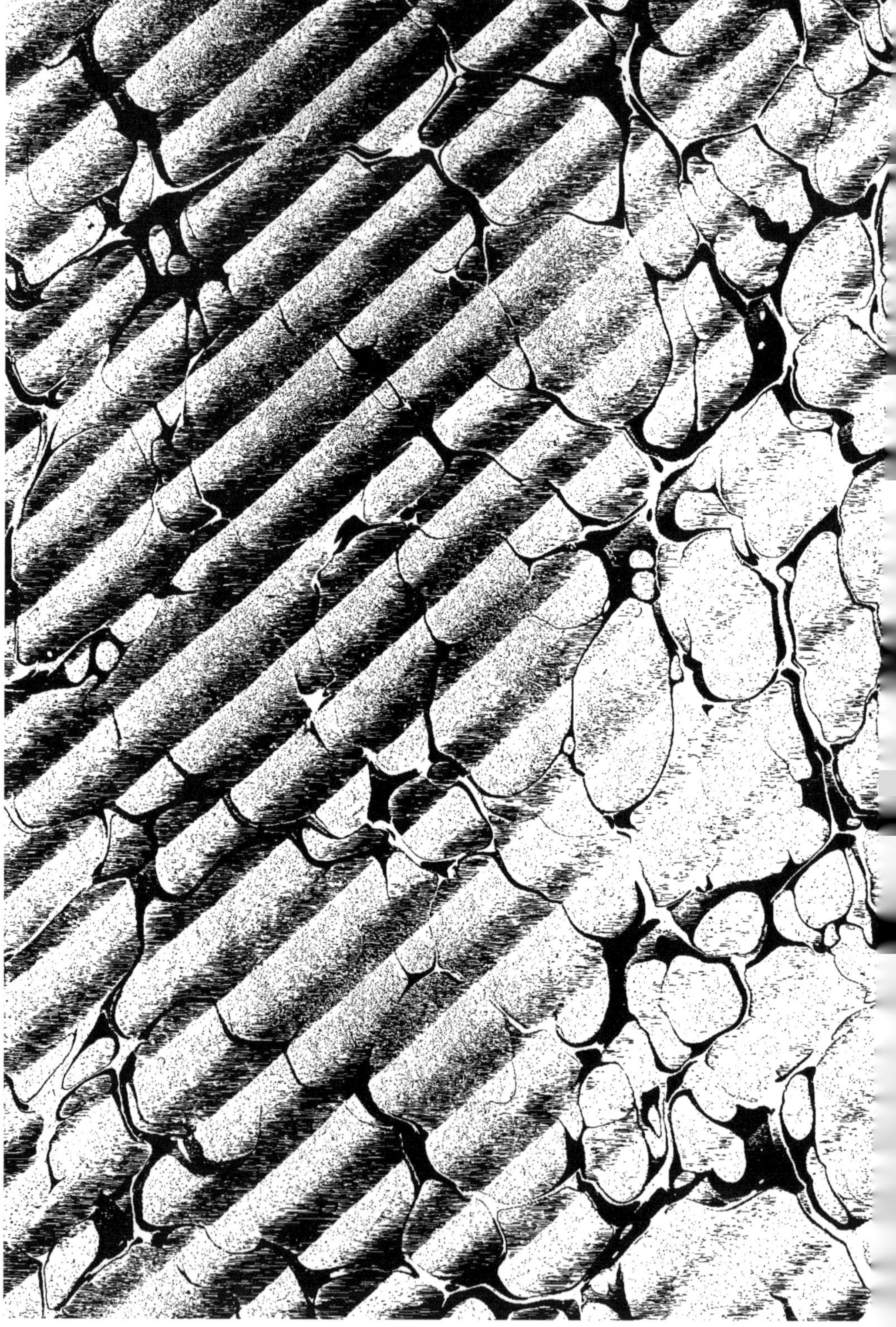

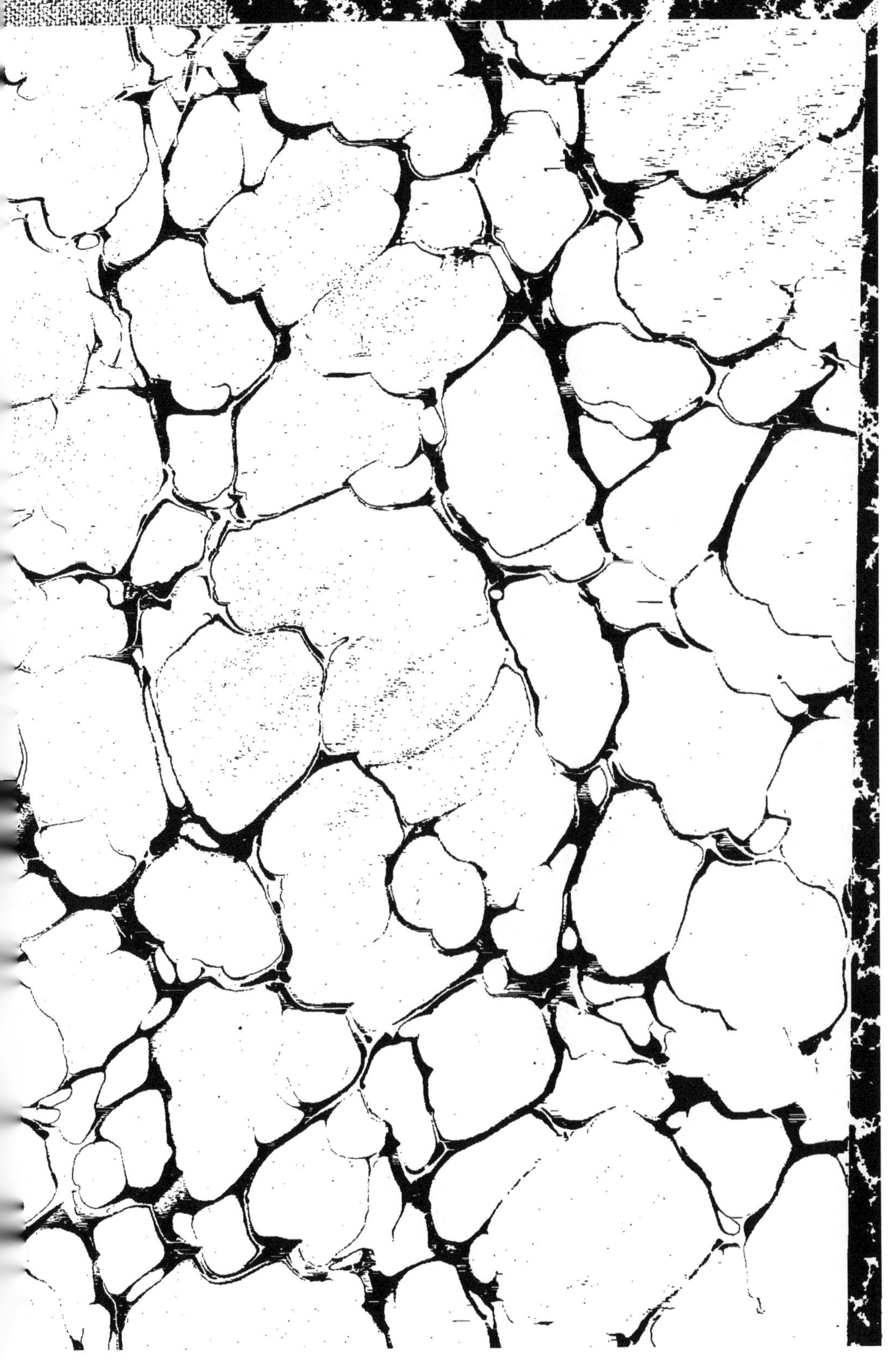

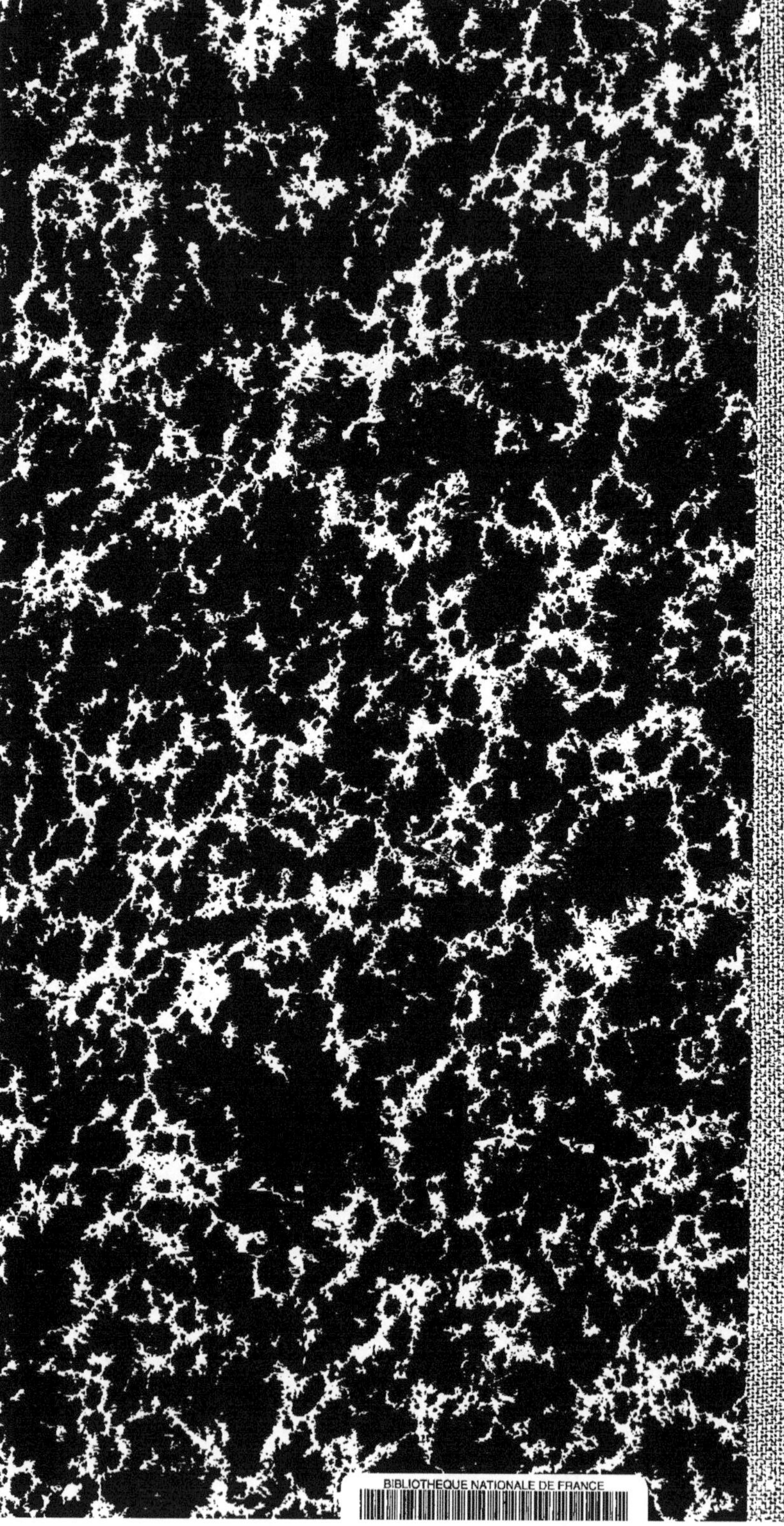

www.ingramcontent.com/pod-product-compliance
Ingram Content Group UK Ltd.
Pitfield, Milton Keynes, MK11 3LW, UK
UKHW020442200726
13857UKWH00002B/533

9 782011 6188